U0596431

爾　雅

〔晉〕郭　璞　　　注
周遠富　愚　若　點校

中華書局

圖書在版編目(CIP)數據

爾雅/周遠富,愚若點校. —北京:中華書局,2020.2(2024.9重印)
(中國古代語言學基本典籍叢書)
ISBN 978-7-101-14363-8

Ⅰ.爾… Ⅱ.①周…②愚… Ⅲ.《爾雅》 Ⅳ.H131.2

中國版本圖書館 CIP 數據核字(2020)第 012414 號

書　名	爾　雅
點校者	周遠富　愚　若
叢書名	中國古代語言學基本典籍叢書
責任編輯	張　可
封面設計	周　玉
出版發行	中華書局
	(北京市豐臺區太平橋西里 38 號　100073)
	http://www.zhbc.com.cn
	E-mail:zhbc@zhbc.com.cn
印　刷	北京新華印刷有限公司
版　次	2020 年 2 月第 1 版
	2024 年 9 月第 3 次印刷
規　格	開本/850×1168 毫米　1/32
	印張9⅜　插頁 2　字數 200 千字
印　數	4501-5500 冊
國際書號	ISBN 978-7-101-14363-8
定　價	39.00 元

出版説明

　　語言文字是人們進行思維、交流思想的工具，是人類文化的載體。我國傳統文化博大精深，要研究、傳承她，首先要掃清語言文字方面的障礙，因爲“六經皆載於文字者也，非聲音則經之文不正，非訓詁則經之義不明”。我國傳統的語言文字學又稱小學，兩千多年來，前人留下了大量寶貴的小學著作，研究它們是研究中國文化的基礎工作。有鑒於此，我們計劃出版《中國古代語言學基本典籍叢書》，以整理最基本的小學典籍，向讀者提供一套可靠而方便使用的通行讀本，對文本加以斷句和標點及精要的校勘（關乎對文意理解），而不以繁瑣的考證、校勘爲務。

　　《爾雅》，撰人不詳，是我國第一部詞典，收錄了豐富的普通詞語及百科名詞。大約成書於戰國秦漢之間，是訓詁學的經典著作，爲十三經之一。中華書局 2016 年以《四部叢刊初編》經部所收鐵琴銅劍樓舊藏宋刊本爲底本出版了《爾雅附音序、筆畫索引》，此次整理，即以該本爲底本，同時參考了阮元校刻的《十三經注疏》和郝懿行的《爾雅義疏》等。因晉郭璞爲《爾雅》所做注是我們閲讀研究《爾雅》的重要參考文獻，故一併收入。原書中所附《音釋》序部分隨文收入，詞條正文則另行於郭注下，均以楷體與郭注區分。《音釋》部分字與正文不同，如正文作"篦、雛、齝、貀"，《音釋》作"篦、鶵、齫、狚"，我們尊重底本，對字形不作改動。《爾雅》正文大字，加以編號，如1.001即釋詁第一的第一條；郭注采用仿宋字另段排列（個别時候夾於正文中）。采用通行字排印，底本明顯的譌誤徑改出校；有疑問或有參考價值的異文出校；詞條（對被釋字的理解學界或許有不同看法）加以拼音（參考了《音釋》，但没有完全遵從，如"姪"徒結切，不注dié，仍注zhí；降婁之"降"胡江切，但《集韻》胡降切，絳韻，我們不注平聲，而注去聲；鴞，《音釋》"遥"，與《廣韻》于嬌切同，但今讀xiāo，我們注xiāo/yáo）；編制了音序和筆畫索引，以儘可能方便讀者。限於學力，錯誤及不妥之處尚祈讀者不吝指正。

中華書局編輯部

2017 年 8 月

目　録

爾雅序

郭璞撰

　　夫扶《爾雅》者，所以通詁訓之指歸，敘詩人之興許麐詠，揔絕代之離詞，辯同實而殊號者也。誠九流之津涉、六藝之鈐鍵件、學覽者之潭奧、摛癥翰者之華苑也。若乃可以博物不惑，多識於鳥獸草木之名者，莫近於《爾雅》。《爾雅》者，蓋興於中古，隆於漢氏，豹鼠既辨，其業亦顯。英儒贍時艷聞之士，洪筆麗藻之客，靡不欽玩耽味，爲之義訓。璞朴不揆檮桃昧，少詩照而習焉，沈研鑽子管極二九載矣。雖註者十餘，然猶未詳備，並多紛謬，有所漏略。是以復綴集異聞，會古外稡子外舊説，考方國之語，采謠俗之志，錯綜樊、孫，博關羣言，剟捃其瑕礫歷，搴倰其蕭稂郎。事有隱滯，援據徵之；其所易以攱了療，闕而不論。別爲《音圖》，用祛未寤。輒復擁篲似鋭清道，企丘跂望塵躅逐者，以將來君子爲亦有涉乎此也。

爾雅卷上

郭璞注

釋詁第一　釋言第二
釋訓第三　釋親第四

釋詁第一

1.001　初(chū)、哉(zāi)、首(shǒu)、基(jī)、肇(zhào)、祖(zǔ)、元(yuán)、胎(tāi)、俶(chù)、落(luò)、權輿(quányú)，始也。

《尚書》曰："三月哉生魄。"《詩》曰："令終有俶。"又曰[①]："俶載南畝。"又曰："訪予落止。"又曰："胡不承權輿。"胚胎未成，亦物之始也，其餘皆義之常行者耳。此所以釋古今之異言，通方俗之殊語。

　　肇兆　俶昌叔

1.002　林(lín)、烝(zhēng)、天(tiān)、帝(dì)、皇(huáng)、王(wáng)、后(hòu)、辟(bì)、公(gōng)、侯(hóu)，君也。

《詩》曰："有壬有林。"又曰："文王烝哉。"其餘義皆通見《詩》《書》。

　　辟并亦

1.003　弘(hóng)、廓(kuò)、宏(hóng)、溥(pǔ)、介(jiè)、純(chún)、夏(xià)、幠(hū)、厖(máng)、墳(fén)、嘏(jiǎ)、丕

---

① 曰，原譌作"田"。

(pī)、弈(yì)^①、洪(hóng)、誕(dàn)、戎(róng)、駿(jùn)、假(jiǎ)、京(jīng)、碩(shuò)、濯(zhuó)、訏(xū)、宇(yǔ)、穹(qióng)、壬(rén)、路(lù)、淫(yín)、甫(fǔ)、景(jǐng)、廢(fèi)、壯(zhuàng)、冢(zhǒng)、簡(jiǎn)、箌(dào)^②、昄(bǎn)、晊(zhì)^③、將(jiāng)、業(yè)、席(xí),大也。

《詩》曰:"我受命溥將。"又曰:"亂如此幠。""爲下國駿厖。""湯孫奏假。"^④"王公伊濯。""訏謨定命。""有壬有林。""厥聲載路。""既有淫威。""廢爲殘賊。""爾土宇昄章。""緇衣之席兮。"廓落、宇宙、穹隆、至極,亦爲大也。箌,義未聞。《尸子》曰:"此皆大,有十餘名,而同一實。"

　　幠呼　厖亡江　誕但　訏吁　箌罩　昄蒲板　晊之日

1.004　幠(hū)、厖(máng),有也。

　　二者又爲有也,《詩》曰:"遂幠大東。"

1.005　迄(qì)、臻(zhēn)、極(jí)、到(dào)、赴(fù)、來(lái)、弔(diào)、艐(jiè)、格(gé)、戾(lì)、懷(huái)、摧(cuī)、詹(zhān),至也。

　　齊楚之會郊曰懷,宋曰屆。《詩》曰:"先祖于摧。"又曰:"六日不詹。"詹、摧,皆楚語,《方言》云。

　　極紀力　弔的　艐宗　摧昨雷

1.006　如(rú)、適(shì)、之(zhī)、嫁(jià)、徂(cú)、逝(shì),

---

① 奕,原作"弈"。"奕、弈"形近多混,此當作"奕"。

② 箌,《爾雅義疏》作"菿"。

③ 晊,王念孫認爲乃"至"之誤。

④ 假,阮刻本作"徦"。

往也。

《方言》云:"自家而出謂之嫁,猶女出爲嫁。"

1.007　賚(lài)、貢(gòng)、錫(cì)、畀(bì)、予(yù)、貺(kuàng),
　　　　賜也。

皆賜與也。

予羊汝

1.008　儀(yí)、若(ruò)、祥(xiáng)、淑(shū)、鮮(xiān)、省
　　　　(xǐng)、臧(zāng)、嘉(jiā)、令(lìng)、類(lèi)、綝(chēn)、縠
　　　　(gòu)、攻(gōng)、穀(gǔ)、介(jiè)、徽(huī),善也。

《詩》曰:"儀刑文王。"《左傳》曰:"禁禦不若。"《詩》曰:
"永錫爾類。""我車既攻。""介人維藩。""大姒嗣徽音。"省、綝、
縠,未詳其義,餘皆常語。

鮮息淺　省先郢　令力政　綝勑金　縠古豆

1.009　舒(shū)、業(yè)、順(shùn),敘也。

皆謂次敘。

1.010　舒(shū)、業(yè)、順(shùn)、敘(xù),緒也。

四者又爲端緒。

1.011　怡(yí)、懌(yì)、悦(yuè)、欣(xīn)、衎(kàn)、喜(xǐ)、愉
　　　　(yú)、豫(yù)、愷(kǎi)、康(kāng)、妉(dān)、般(pán),
　　　　樂也。

皆見《詩》。

妉丁含　般盤　樂洛

1.012　悦(yuè)、懌(yì)、愉(yú)、釋(shì)、賓(bīn)、協(xié),

服也。

皆謂喜而服從。

1.013　遹(yù)、遵(zūn)、率(shuài)、循(xún)、由(yóu)、從(cóng)，自也。

自猶從也。

遹聿

1.014　遹(yù)、遵(zūn)、率(shuài)，循也。

三者又爲循行。

1.015　靖(jìng)、惟(wéi)、漠(mò)、圖(tú)、詢(xún)、度(duó)、咨(zī)、諏(zōu)、究(jiù)、如(rú)、慮(lǜ)、謨(mó)、猷(yóu)、肇(zhào)、基(jī)、訪(fǎng)，謀也。

《國語》曰："詢于八虞，咨于二虢，度于閎夭，謀于南宮，諏于蔡、原，訪于辛、尹。"通謂謀議耳。如、肇，所未詳，餘皆見《詩》。

度鐸　諏子須

1.016　典(diǎn)、彝(yí)、法(fǎ)、則(zé)、刑(xíng)、範(fàn)、矩(jǔ)、庸(yōng)、恒(héng)、律(lǜ)、戛(jiá)、職(zhí)、秩(zhì)，常也。

庸、戛、職、秩，義見《詩》《書》，餘皆謂常法耳。

彝夷

1.017　柯(kē)、憲(xiàn)、刑(xíng)、範(fàn)、辟(bì)、律(lǜ)、矩(jǔ)、則(zé)，法也。

《詩》曰："伐柯伐柯，其則不遠。"《論語》曰："不踰矩。"

辟婢亦

1. 018　辜(gū)、辟(bì)、戾(lì),辠也。

皆刑罪。

辜孤　辠罪

1. 019　黄髮(huángfà)、齯齒(níchǐ)①、鮐背(táibèi)、耇(gǒu)、老(lǎo),壽也。

黄髮,髮落更生黄者。齯齒,齒墮更生細者。鮐背,背皮如鮐魚。耇,猶者也。皆壽考之通稱。

齯倪　鮐台　耇狗

1. 020　允(yǔn)、孚(fú)、亶(dǎn)、展(zhǎn)、諶(chén)、誠(chéng)、亮(liàng)、詢(xún),信也。

《方言》曰:"荆吴淮汭之間曰展,燕岱東齊曰諶,宋衛曰詢。"亦皆見《詩》。

亶丁但　諶市林

1. 021　展(zhǎn)、諶(chén)、允(yǔn)、慎(shèn)、亶(dǎn),誠也。

轉相訓也,《詩》曰:"慎爾優遊。"

1. 022　謔浪笑敖(xuèlàngxiàoào),戲謔也。

謂調戲也②,見《詩》。

敖五報

———————

① 齯,或作"兒"。

② 周祖謨《爾雅校箋》據原本《玉篇》引認爲"謂"下當有"相"字。

1.023　粤(yuè)、于(yú)、爰(yuán)，曰也。

《書》曰："土爰稼穡。"《詩》曰："對越在天。""王于出征。"

粤曰

1.024　爰(yuán)、粤(yuè)，于也。

轉相訓。

1.025　爰(yuán)、粤(yuè)、于(yú)、那(nuó)、都(dū)、繇(yóu)，於也。

《左傳》曰："棄甲則那？"那，猶今人云那那也。《書》曰："皋陶曰都。"繇，辭。於、乎，皆語之韻絶[1]。

繇由　於烏

1.026　敆(hé)、郃(hé)、盍(hé)、翕(xī)、仇(qiú)、偶(ǒu)、妃(fēi)、匹(pǐ)、會(huì)，合也。

皆謂對合也。

敆閤　郃合　盍胡臘　妃配

1.027　仇(qiú)、讎(chóu)、敵(dí)、妃(fēi)、知(zhī)、儀(yí)，匹也。

《詩》云："君子好仇。""樂子之無知。""實維我儀。"《國語》亦云："丹朱憑身以儀之。"讎，猶儔也。《廣雅》云："讎，輩也。"

1.028　妃(fēi)、合(hé)、會(huì)，對也。

皆相當對。

---

[1]　繇辭於乎皆語之韻絶，周祖謨《爾雅校箋》認爲當作"繇、於、于，皆語之韻絶，辭"。

1.029　妃(fēi),媲也。

相偶媲也。

媲普計

1.030　紹(shào)、胤(yìn)、嗣(sì)、續(xù)、纂(zuǎn)、綏(ruí)、績(jì)、武(wǔ)、係(xì),繼也。

《詩》曰:"下武維周。"綏,見《釋水》。餘皆常語。

纂子管

1.031　悉(xì)、諡(shì)、溢(yì)、蟄(zhé)、慎(shèn)、貉(mò)、謐(mì)、顗(yǐ)、頠(wěi)、密(mì)、寧(níng),靜也。

悉、顗、頠,未聞其義,餘皆見《詩傳》。

悉戲　諡侍　貉陌　謐密　顗擬　頠魚毀

1.032　隕(yǔn)、磒(yǔn)、湮(yān)、下(xià)、降(jiàng)、墜(zhuì)、摽(biào)、蘦(líng),落也。

磒,猶隕也,方俗語有輕重耳。湮,沈落也。摽、蘦,見《詩》。

隕于閔　磒于敏　摽婢眇　蘦零

1.033　命(mìng)、令(lìng)、禧(xǐ)、畛(zhěn)、祈(qí)、請(qǐng)、謁(yè)、訊(xùn)、誥(gào),告也。

禧,未聞。《禮記》曰:"畛於鬼神。"

令力政　畛稹　告谷

1.034　永(yǒng)、悠(yōu)、迥(jiǒng)、違(wéi)、遐(xiá)、遏(tì)、闊(kuò),遠也。

《書》曰:"遏矣,西土之人。"

迥户頂　遏惕

1.035　永(yǒng)、悠(yōu)、迥(jiǒng)、遠(yuǎn)，遐也。

　　遐，亦遠也，轉相訓。

1.036　虧(kuī)、壞(huài)、圮(pǐ)、垝(guǐ)，毁也。

　　《書》曰："方命圮族。"《詩》曰："乘彼垝垣。"虧，通語耳。

　　壞怪　圮房美　垝鬼

1.037　矢(shǐ)、雉(zhì)、引(yǐn)、延(yán)、順(shùn)、薦
(jiàn)、劉(liú)、繹(yì)、尸(shī)、旅(lǚ)，陳也。

　　《禮記》曰："尸，陳也。"雉、順、劉，皆未詳。

1.038　尸(shī)、職(zhí)，主也。

　　《左傳》曰："殺老牛，莫之敢尸。"《詩》曰："誰其尸之。"又
曰："職爲亂階。"

1.039　尸(shī)，寀也。

　　謂寀地。

　　寀七代

1.040　寀(cǎi)、寮(liáo)，官也。

　　官地爲寀，同官爲寮。

1.041　績(jì)、緒(xù)、采(cǎi)、業(yè)、服(fú)、宜(yí)、貫
(guàn)、公(gōng)，事也。

　　《論語》曰："仍舊貫。"餘皆見《詩》《書》。

1.042　永(yǒng)、羕(yàng)、引(yǐn)、延(yán)、融(róng)、駿
(jùn)，長也。

　　宋衛荆吳之間曰融。羕，所未詳。

兼樣

1.043　喬(qiáo)、嵩(sōng)、崇(chóng),高也。
　　皆高大貌,《左傳》曰:"師叔,楚之崇也。"

1.044　崇(chóng),充也。
　　亦爲充盛。

1.045　犯(fàn)、奢(shē)、果(guǒ)、毅(yì)、剋(kè)、捷(jié)、
　　功(gōng)、肩(jiān)、堪(kān)[①],勝也。
　　陵犯、誇奢、果、毅,皆得勝也。《左傳》曰:"殺敵爲果。"肩,
　即剋耳。《書》曰:"西伯堪黎。"

毅義　戡堪

1.046　勝(shèng)、肩(jiān)、戡(kān)、劉(liú)、殺(shā),
　　克也。
　　轉相訓耳。《公羊傳》曰:"克之者何? 殺之也。"

1.047　劉(liú)、獮(xiǎn)、斬(zhǎn)、刺(cì),殺也。
　　《書》曰:"咸劉厥敵。"秋獵爲獮,應殺氣也。《公羊傳》曰:
　"刺之者何? 殺之也。"

獮㺒　刺次

1.048　亹亹(wěiwěi)、蠠没(mǐnmò)、孟(mèng)、敦(dūn)、
　　勖(xù)、釗(zhāo)、茂(mào)、劭(shào)、勔(miǎn),勉也。
　　《詩》曰:"亹亹文王。"蠠没,猶黽勉。《書》曰:"茂哉茂哉。"
　《方言》云:"周鄭之間相勸勉爲勔釗。"孟,未聞。

───────────
① 堪,疑當作"戡",《爾雅義疏》《音釋》均作"戡"。

亹尾 蠠蜜 釗招 劭邵 勗泯

1.049 鶩(wù)、務(wù)、昏(hūn)、暋(mǐn)，强也。

馳鶩、事務，皆自勉强。《書》曰："不昏作勞。""暋不畏死。"

鶩務 暋閔 强其丈

1.050 卬(áng)、吾(wú)、台(yí)、予(yú)、朕(zhèn)、身
(shēn)、甫(fǔ)、余(yú)、言(yán)，我也。

卬，猶姎也，語之轉耳。《書》曰："非台小子。"古者貴賤皆
自稱朕。《禮記》云："授政任功，曰予一人。""畛於鬼神，曰有某
甫。"言，見《詩》。

卬五剛 台怡，下同

1.051 朕(zhèn)、余(yú)、躬(gōng)，身也。

今人亦自呼爲身。

1.052 台(yí)、朕(zhèn)、賚(lài)、畀(bì)、卜(bǔ)、陽(yáng)，
予也。

賚、卜、畀，皆賜與也。與，猶予也，因通其名耳。《魯詩》云：
"陽如之何？今巴濮之人自呼阿陽。"

畀必二 陽賜 予與

1.053 肅(sù)、延(yán)、誘(yòu)、薦(jiàn)、餤(tán)、晉(jìn)、
寅(yín)、藎(jìn)，進也。

《禮記》曰："主人肅客。"《詩》曰："亂是用餤。""王之藎
臣。"《易》曰："晉，進也。"寅，未詳。

餤談 藎燼

1.054 羞(xiū)、餞(jiàn)、迪(dí)、烝(zhēng)，進也。

皆見《詩》《禮》。

1.055 詔(zhào)、亮(liàng)、左(zuǒ)、右(yòu)、相(xiàng)，導也。

皆謂教導之。

相息亮

1.056 詔(zhào)、相(xiàng)、導(dǎo)、左(zuǒ)、右(yòu)、助(zhù)，勴也。

勴謂贊勉。

勴慮

1.057 亮(liàng)、介(jiè)、尚(shàng)，右也。

紹介、勸尚，皆相佑助。

1.058 左(zuǒ)、右(yòu)，亮也。

反覆相訓，以盡其義。

1.059 緝熙(jíxī)、烈(liè)、顯(xiǎn)、昭(zhāo)、皓(hào)[①]、潁(jiǒng)，光也。

《詩》曰："學有緝熙于光明。"又曰："休有烈光。"

潁古迴

1.060 劼(jié)、鞏(gǒng)、堅(jiān)、篤(dǔ)、掔(qiān)、虔(qián)、膠(jiāo)，固也。

劼、虔，皆見《詩》《書》。《易》曰："鞏用黃牛之革。"固志也。
掔然，亦牢固之意。

---

① 皓，或作"晧"。下同。

擊牽

1.061 疇(chóu)、孰(shú),誰也。

《易》曰:"疇離祉。"

疇直留

1.062 暀暀(wàngwàng)、皇皇(huánghuáng)、藐藐(miǎo miǎo)、穆穆(mùmù)、休(xiū)、嘉(jiā)、珍(zhēn)、褘(yī)[①]、懿(yì)、鑠(shuò),美也。

自穆穆已上,皆美盛之貌,其餘常語。

暀旺　藐邈　褘衣

1.063 諧(xié)、輯(jí)、協(xié),和也。

《書》曰:"八音克諧。"《左傳》曰:"百姓輯睦。"

輯集

1.064 關關(guānguān)、噰噰(yōngyōng),音聲和也。

皆鳥鳴相和。

噰於恭

1.065 勰(xié)、燮(xiè),和也。

《書》曰:"燮友柔克。"

勰協

1.066 從(cóng)、申(shēn)、神(shén)、加(jiā)、弼(bì)、崇(chóng),重也。

隨從、弼輔、增崇,皆所以爲重疊。神,所未詳。

─────────

① 褘,《爾雅義疏》作"禕"。

重直龍

1.067　豰(què)、悉(xī)、卒(zú)、泯(mǐn)、忽(hū)、滅(miè)、磬(qìng)、空(kōng)、畢(bì)、罄(qì)、殲(jiān)、拔(bá)、殄(tiǎn)，盡也。

　　豰，今直語耳。忽然，盡貌。今江東呼厭極爲罄。餘皆見《詩》。

　　豰學　罄苦計　殲尖

1.068　苞(bāo)、蕪(wú)、茂(mào)，豐也。

　　苞叢、繁蕪，皆豐盛。

1.069　樛(jiū)、斂(liǎn)、屈(qū)、收(shōu)、戢(jí)、蒐(sōu)、裒(póu)、鳩(jiū)、樓(lóu)①，聚也。

　　《禮記》曰："秋之言樛""樛，斂也。"春獵爲蒐。蒐者，以其聚人衆也。《詩》曰："屈此群醜。""原隰裒矣。"《左傳》曰："以鳩其民。"樓，猶今言拘樓，聚也。

　　樛子由　蒐搜

1.070　肅(sù)、齊(qí)、遄(chuán)、速(sù)、亟(jí)、屢(lǚ)、數(shuò)、迅(xùn)，疾也。

　　《詩》曰："仲山甫徂齊。"

　　遄船　亟欺冀　數朔

1.071　寁(zǎn)、駿(jùn)、肅(sù)、亟(jí)、遄(chuán)，速也。

　　《詩》曰："不寁故也。"駿，猶迅。速，亦疾也。

　　寁昝

────────────

① 樓，《爾雅義疏》作"搜"。搜，《説文》："曳聚也。"

1.072　壑(hè)、阬阬(kēngkēng)、滕(téng)、徵(zhēng)、隍
　　　(huáng)、漮(kāng)，虛也。

壑，谿壑也。阬阬，謂阬壍也。隍，城池無水者。《方言》云：
"漮之言空也。"皆謂丘墟耳。滕、徵，未詳。

　　　阬坑　漮康

1.073　黎(lí)、庶(shù)、烝(zhēng)、多(duō)、醜(chǒu)、師
　　　(shī)、旅(lǚ)，衆也。

皆見《詩》。

1.074　洋(yáng)、觀(guān)、裒(póu)、衆(zhòng)、那(nuó)，
　　　多也。

《詩》曰："薄言觀者。"又曰："受福不那。"洋溢，亦多貌。

1.075　流(liú)、差(chāi)、柬(jiǎn)，擇也。

皆選擇，見《詩》。

　　　差叉　柬簡

1.076　戰(zhàn)、慄(lì)、震(zhèn)、驚(jīng)、戁(nǎn)、竦
　　　(sǒng)、恐(kǒng)、慴(shè)，懼也。

《詩》曰："不戁不竦。"慴，即慹也。

　　　慄栗　戁女板　恐丘勇　慴之涉

1.077　痡(pū)、瘏(tú)、虺頹(huītuí)[1]、玄黄(xuánhuáng)、
　　　劬勞(qúláo)、咎(jiù)、顇(cuì)、瘽(qín)、瘉(yù)、鰥(guān)、
　　　戮(lù)、癙(shǔ)、癵(luán)、瘟(lǐ)、痒(yáng)、疷(qí)、疵

─────────
① 頹，或作"穨"。

(cī)、閔(mǐn)、逐(zhú)、疚(jiù)、痗(mèi)、瘥(cuó)、痱
(féi)、癉(dǎn)、瘵(zhài)、瘼(mò)、癠(jì)，病也。

尪頹、玄黃，皆人病之通名，而説者便爲之馬病[1]，失其義
也。《詩》曰："生我劬勞。"《書》曰："智藏瘝在。"相戮辱亦可恥
病也。今江東呼病曰瘵，東齊曰瘼。《禮記》曰："親癠，色容不
盛。"戮[2]、逐，未詳，餘皆見《詩》。

痡普胡　瘏徒　尪灰　瘝悴　癉勤　瘉俞　瘯鼠　癙力專
瘒里　痒羊　底祁　痗妹　瘥徂何　痱肥　癉亶　瘵債
癠徂細

1.078　恙(yàng)、寫(xiě)、悝(lǐ)、盱(xū)、繇(yáo)、慘(cǎn)、
恤(xù)、罹(lí)，憂也。

今人云無恙，謂無憂也。寫，有憂者思散寫也。《詩》曰："悠
悠我悝。""云何盱矣。"繇役亦爲憂愁也。

悝里　盱吁　繇遙

1.079　倫(lún)、勩(yì)、邛(qióng)、敕(chì)、勤(qín)、愉(yǔ)、
庸(yōng)、癉(dàn)，勞也。

《詩》曰："莫知我勩。""維王之邛。""哀我癉人。"《國語》
曰："無功庸者。"倫理事務以相約敕，亦爲勞。勞苦者多惰愉，
今字或作瘉[3]，同。

勩與世　癉丁賀

1.080　勞(láo)、來(lài)、強(qiǎng)、事(shì)、謂(wèi)、翦

---

[1]　爲，或作"謂"。
[2]　前已注"相戮辱亦可恥病也"。
[3]　瘉，阮元認爲當作"瘑"。

(jiǎn)、篲(huì),勤也。

《詩》曰:"職勞不來。"自勉强者,亦勤力者,由事事,故爲勤也。《詩》曰:"迨其謂之。"蔿、篲,未詳。

　　勞力報　　來賚　　强其丈

1.081　悠(yōu)、傷(shāng)、憂(yōu),思也。

皆感思也。

　　思司嗣

1.082　懷(huái)、惟(wéi)、慮(lǜ)、願(yuàn)、念(niàn)、恧(nì),思也。

《詩》曰:"恧如調飢。"

　　恧溺

1.083　禄(lù)、祉(zhǐ)、履(lǚ)、戩(jiǎn)、祓(fú)、禧(xǐ)、褫(sī)、祜(hù),福也。

《詩》曰:"福履綏之。""俾爾戩穀。""祓禄康矣。"褫、禧,書傳不見,其義未詳。

　　祓廢　　褫斯

1.084　禋(yīn)、祀(sì)、祠(cí)、蒸(zhēng)、嘗(cháng)、禴(yuè),祭也。

《書》曰:"禋于六宗。"餘者皆以爲四時祭名也。

　　禴藥

1.085　儼(yǎn)、恪(kè)、祗(zhī)、翼(yì)、諲(yīn)、恭(gōng)、欽(qīn)、寅(yín)、熯(rǎn),敬也。

儼然,敬貌。《書》曰:"夙夜惟寅。"《詩》曰:"我孔熯矣。"

誣，未詳。

　　恪墟各　誣因　熯而善

1.086　朝(zhāo)、旦(dàn)、夙(sù)、晨(chén)、晙(jùn)，早也。

晙，亦明也。

晙俊

1.087　頷(xū)、竢(sì)、替(tì)、戾(lì)、底(zhǐ)、止(zhǐ)、徯
(xī)，待也。

《書》曰："徯我后。"今河北人語亦然。替、戾、底者，皆止
也，止亦相待。

　　頷須　竢士　底止　徯胡禮

1.088　噊(yù)、幾(jī)、烖(zāi)、殆(dài)，危也。

幾，猶殆也。噊、烖，未詳。

　　噊聿　烖哉

1.089　齘(qí)，汽也。

謂相摩近。

　　齘祈

1.090　治(zhì)、肆(sì)、古(gǔ)，故也。

治，未詳。肆、古，見《詩》《書》。

1.091　肆(sì)、故(gù)，今也。

肆既爲故，又爲今。今亦爲故，故亦爲今，此義相反而兼通
者，事例在下，而皆見《詩》。

1.092　惇(dūn)、亶(dǎn)、祜(hù)、篤(dǔ)、掔(qiān)、仍

(réng)、肶(pí)、埤(pí)、竺(dǔ)、腹(fù),厚也。

頻仍、埤益、肶輔,皆重厚。竺然,厚貌。餘皆見《詩》《書》。

肶毗① 埤脾 竺篤

1.093　載(zài)、謨(mó)、食(shí)、詐(zhà),僞也。

載者,言而不信。謨者,謀而不忠。《書》曰:"朕不食言。"

1.094　話(huà)、猷(yóu)、載(zài)、行(xíng)、訛(é),言也。

《詩》曰:"慎爾出話。"猷者,道,道亦言也。《周禮》曰:"作盟詛之載。"今江東通謂語爲行,世以妖言爲訛。

1.095　遘(gòu)、逢(féng),遇也。

謂相遭遇。

遘覯

1.096　遘(gòu)、逢(féng)、遇(yù),遻也。

轉復爲相觸遻。

遻悟

1.097　遘(gòu)、逢(féng)、遇(yù)、遻(è),見也。

行而相值即見。

1.098　顯(xiǎn)、昭(zhāo)、覲(jìn)、釗(zhāo)、覿(dí),見也。

顯、昭,明見也。《逸書》曰:"釗我周王。"

1.099　監(jiān)、瞻(zhān)、臨(lín)、涖(lì)、頫(tiào)②、相(xiàng),視也。

① 該條前有"汽蓋",無法判斷其所在。
② 頫,宋監本、影宋蜀大字本作"覜"。

皆謂察視也。

監鑒　涖利　頮眺

1.100　鞠(jū)、訩(xiōng)、溢(yì)，盈也。

《詩》曰："降此鞠訩。"

1.101　孔(kǒng)、魄(pò)、哉(zāi)、延(yán)、虛(xū)、無(wú)、
之(zhī)、言(yán)，閒也。

孔穴、延、魄、虛、無，皆有閒隙，餘未詳。

1.102　瘞(yì)、幽(yōu)、隱(yǐn)、匿(nì)、蔽(bì)、竄(cuàn)，
微也。

微，謂逃藏也，《左傳》曰："其徒微之。"是也。

瘞於計　匿女力

1.103　訖(qì)、徽(huī)、妥(tuǒ)、懷(huái)、安(ān)、按(àn)、
替(tì)、戾(lì)、厎(dǐ)、底(dǐ)①、尼(nì)、定(dìng)、曷(è)、
遏(è)，止也。

妥者，坐也。懷者，至也。按，抑按也②。替、廢，皆止住也。
戾、厎，義見《詩傳》。《國語》曰："戾久將厎。"《孟子》曰："行或
尼之。"今以逆相止爲遏。徽，未詳。

妥他寡　遏烏曷

1.104　豫(yù)、射(yì)，厭也。

《詩》曰："服之無斁。"③豫，未詳。

---

①　厎，《爾雅義疏》作"厎"。
②　或云"按也"衍。
③　斁，阮校："案《禮記·緇衣》、王逸《楚辭注》引《詩》皆作'射'。"

射亦

1.105 烈(liè)、績(jì)，業也。

謂功業也。

1.106 績(jì)、勳(xūn)，功也。

謂功勞也。

1.107 功(gōng)、績(jì)、質(zhì)、登(dēng)、平(píng)、明(míng)、考(kǎo)、就(jiù)，成也。

功、績，皆有成。《詩》曰："質爾民人。"《禮記》曰："年穀不登。"《穀梁傳》曰："平者，成也。"事有分明，亦成濟也。

1.108 梏(jué)、梗(gěng)、較(jué)、頲(tǐng)、庭(tíng)、道(dào)，直也。

梏、梗、較、頲，皆正直也。《詩》曰："既庭且碩。"頲道無所屈。

梏谷 較角 頲他頂

1.109 密(mì)、康(kāng)，靜也。

皆安靜也。

1.110 豫(yù)、寧(níng)、綏(suí)、康(kāng)、柔(róu)，安也。

皆見《詩》《書》。

1.111 平(píng)、均(jūn)、夷(yí)、弟(tì)，易也。

皆謂易直。

易以豉

1.112 矢(shǐ)，弛也。

弛，放。

1. 113　弛(chí),易也。

相延易。

矢弛並音尸紙

1. 114　希(xī)、寡(guǎ)、鮮(xiǎn),罕也。

罕亦希也。

1. 115　鮮(xiǎn),寡也。

謂少。

鮮息淺

1. 116　酬(chóu)、酢(zuò)、侑(yòu),報也。

此通謂相報答,不主于飲酒。

酢昨

1. 117　毗劉(píliú),暴樂也。

謂樹木葉缺落,蔭疏暴樂,見《詩》。

暴剝　樂洛

1. 118　覭髳(míngméng),茀離也。

謂草木之叢茸翳薈也。茀離,即彌離。彌離,猶蒙蘢耳。
孫叔然字別爲義,失矣。

覭陌　髳蒙

1. 119　蠱(gǔ)、謟(tāo)、貳(èr),疑也。

蠱惑、有貳心者,皆疑也。《左傳》曰:"天命不謟。"音縚。

謟叨

1. 120　楨(zhēn)、翰(hàn)、儀(yí),榦也。

《詩》曰："維周之翰。"儀表亦體幹。

1. 121　弼(bì)、棐(fěi)、輔(fǔ)、比(bǐ)、俌也。

《書》曰："天畏棐忱。"《易》曰："比，輔也。"俌，猶輔也。

棐匪　比毗志　俌甫

1. 122　疆(jiāng)、界(jiè)、邊(biān)、衞(wèi)、圉(yǔ)，垂也。

疆場、竟界、邊旁、營衞、守圉，皆在外垂也。《左傳》曰："聊以固吾圉也。"

圉語

1. 123　昌(chāng)、敵(dí)、彊(qiáng)、應(yīng)、丁(dīng)，當也。

《書》曰："禹拜昌言。"彊者，好與物相當值。

1. 124　浡(bó)、肩(jiān)、搖(yáo)、動(dòng)、蠢(chǔn)、迪(dí)、俶(chù)、厲(lì)，作也。

浡然，興作貌。蠢，動作。《公羊傳》曰："俶甚也。"《穀梁傳》曰："始厲樂矣。"肩，見《書》。迪，未詳。

1. 125　兹(zī)、斯(sī)、咨(zī)、呰(zǐ)、已(yǐ)，此也。

呰、已，皆方俗異語。

呰紫

1. 126　嗟(jiē)、咨(zī)，蹉也。

今河北人云"蹉歎"，音兔罝。

蹉嗟

1. 127　閑(xián)、狎(xiá)、串(guàn)、貫(guàn)，習也。

串,厭串。貫,貫忕也。今俗語皆然。

串五患　貫慣

1.128　曩(nǎng)、塵(chén)、佇(zhù)、淹(yān)、留(liú),久也。

塵垢、佇企、淹滯,皆稽久。

1.129　逮(dài)、及(jí)、暨(jì),與也。

《公羊傳》曰:"會及暨皆與也。"逮,亦及也。

1.130　騭(zhì)、假(xiá)、格(gé)、陟(zhì)、躋(jī)、登(dēng),陞也。

《方言》曰:"魯衛之間曰騭,梁益曰格。"《禮記》曰:"天王登遐。"《公羊傳》曰:"躋者何? 陞也。"

騭質　假遐

1.131　揮(huī)、盝(lù)、歇(xiē)、涸(hé),竭也。

《月令》曰:"無漉陂池。"《國語》曰:"水涸而成梁。"揮振去水亦爲竭。歇,通語。

涸鶴

1.132　抿(zhèn)、拭(shì)、刷(shuā),清也。

振訊、抆拭、掃刷,皆所以爲絜清。

抿振　刷所劣

1.133　鴻(hóng)、昏(hūn)、於(yú)、顯(xiǎn)、間(jiàn),代也。

鴻鴈知運代,昏主代明,明亦代昏,顯即明也,間錯亦相代,於義未詳。

於烏　間澗

1.134　饁(yè)、饟(xiǎng),饋也。

《國語》曰:"其妻饁之。"

饁叶　饟餉　餉櫃[①]

1.135　遷(qiān)、運(yùn),徙也。

今江東通言遷徙。

1.136　秉(bǐng)、拱(gǒng),執也。

兩手持爲拱。

1.137　廞(xīn)、熙(xī),興也。

《書》曰:"庶績咸熙。"廞,見《周官》。

廞許金

1.138　衛(wèi)、蹶(jué)、假(xià),嘉也。

《詩序》曰:"假樂,嘉成王也。"餘未詳。

蹶居衛　假暇

1.139　廢(fèi)、稅(shuì)、赦(shè),舍也。

《詩》曰:"召伯所稅。"舍,放置。

1.140　棲遲(qīchí)、憩(qì)、休(xiū)、苦(kǔ)、尵(kuì)、隷
(xiè)、呬(xì),息也。

棲遲,遊息也。苦勞者宜止息。憩,見《詩》。尵、隷、呬,皆
氣息貌,今東齊呼息爲呬也。

尵苦怪　隷訶誡　呬許四

―――――――――

① 餉,疑當作"饋",乃承前誤。

1.141　供(gòng)、峙(zhì)、共(gòng)，具也。

皆謂備具。

峙直紀　共恭

1.142　㦽(wǔ)、憐(lián)、惠(huì)，愛也。

㦽，韓、鄭語，今江東通呼爲憐。

㦽某

1.143　娠(shēn)、蠢(chǔn)、震(zhèn)、戁(nǎn)、妯(chōu)、
騷(sāo)、感(hàn)、訛(é)、蹶(jué)，動也。

娠，猶震也。《詩》曰："憂心且妯。""無感我帨兮。""或寢
或訛。"蠢、戁、騷、蹶，皆摇動貌。

娠振　妯抽

1.144　覆(fù)、察(chá)、副(fù)，審也。

覆校、察視、副長，皆所爲審諦。

1.145　契(qì)、滅(miè)、殄(tiǎn)，絕也。

今江東呼刻斷物爲契斷。

契苦結

1.146　郡(jùn)[①]、臻(zhēn)、仍(réng)、迺(nǎi)、侯(hóu)，乃也。

迺，即乃。餘未詳。

1.147　迪(dí)、繇(yóu)、訓(xùn)，道也。

義皆見《詩》《書》。

繇由

---

① 郡，阮元認爲乃"那"之譌，"那"與"仍、迺、乃"爲一音之轉。

1.148　僉(qiān)、咸(xián)、胥(xū),皆也。

東齊曰胥,見《方言》。

僉七廉

1.149　育(yù)、孟(mèng)、耆(qí)、艾(ài)、正(zhèng)、伯
(bó),長也。

育養亦爲長。正、伯,皆官長。

長丁丈

1.150　艾(ài),歷也。

長者多更歷。

1.151　歷(lì)[①]、秭(zǐ)、算(suàn),數也。

歷,歷數也,今以十億爲秭。《論語》云:"何足算也。"

秭姉　算筭

1.152　歷(lì),傅也。

傅近。

傅附

1.153　艾(ài)、歷(lì)、覛(mì)、胥(xū),相也。

覛,謂相視也。《公羊傳》曰:"胥盟者何? 相盟也。"艾、歷,
未詳。

覛脉

1.154　乂(yì)、亂(luàn)、靖(jìng)、神(shén)、弗(fú)、淈(gǔ),
治也。

————————

① 歷,或本作"厤"。

《論語》曰:"予有亂臣十人。"涺,《書序》作汩,音同耳。神,未詳。餘並見《詩》《書》。

　　涺骨

1.155　頤(yí)、艾(ài)、育(yù),養也。
　　汝潁梁宋之間曰艾,《方言》云。

1.156　汱(quǎn)、渾(gǔn)、隕(yǔn),墜也。
　　汱、渾,皆水落貌。

　　汱古犬　　渾胡本

1.157　際(jì)、接(jiē)、翜(shà),捷也。
　　捷謂相接續也。

　　翜所甲①

1.158　毖(bì)、神(shén)、溢(yì),慎也。
　　神,未詳。餘見《詩》《書》。

　　毖柲

1.159　鬱陶(yùtáo)、繇(yóu),喜也。
　　《孟子》曰:"鬱陶思君。"《禮記》曰:"人喜則斯陶,陶斯詠,詠斯猶。"猶,即繇也,古今字耳。

　　繇由

1.160　馘(guó)、穧(jì),獲也。
　　今以獲賊耳爲馘,獲禾爲穧,並見《詩》。

　　馘古獲　　穧才細

————————————

①　本條原在下"毖"條後。

1.161　阻(zǔ)、艱(jiān),難也。

皆險難。

難乃旦

1.162　剡(yǎn)、掣(lüè),利也。

《詩》曰:"以我剡耜。"

剡羊冉　掣略

1.163　允(yǔn)、任(rén)、壬(rén),佞也。

《書》曰:"而難任人。"允信者,佞人似信。壬,猶任也。

任壬鳩

1.164　俾(bǐ)、拼(bēng)[①]、抨(bēng),使也。

皆謂使令,見《詩》。

拼北萌　抨烹

1.165　俾(bǐ)、拼(bēng)、抨(pēng)、使(shǐ),從也。

四者又爲隨從。

1.166　儴(ráng)、仍(réng),因也。

皆謂因緣。

儴攘

1.167　董(dǒng)、督(dū),正也。

皆謂御正。

1.168　享(xiǎng),孝也。

享祀,孝道。

——————

① 《漢語大字典》讀pīn。

1.169　珍(zhēn)、享(xiǎng),獻也。

珍物宜獻,《穀梁傳》曰:"諸侯不享覿。"

1.170　縱(zòng)、縮(suō),亂也。

縱放、摔緒,皆亂法也。

1.171　探(tàn)、篡(cuàn)、俘(fú),取也。

《書》曰:"俘厥寶玉。"篡者,奪取也。探者,摸取也。

探貪　篡初患　俘孚

1.172　徂(cú)、在(zài),存也。

以徂爲存,猶以亂爲治。以曩爲嚮,以故爲今,此皆詁訓。
義有反覆旁通,美惡不嫌同名。

1.173　在(zài)、存(cún)、省(xǐng)、士(shì),察也。

《書》曰:"在璿璣玉衡。"士,理官,亦主聽察。存,即在。

1.174　烈(liè)、枿(niè),餘也。

晉衞之間曰枿,陳鄭之間曰烈。

枿五割

1.175　迓(yà)[①],迎也。

《公羊傳》曰:"跛者迓跛者。"

1.176　元(yuán)、良(liáng),首也。

《左傳》曰:"狄人歸先軫之元。"良,未聞。

1.177　薦(jiàn)、摯(zhì),臻也。

_____

① 迓,阮元認爲當作"訝"。訝,《説文》:"相迎也……訝或从辵。"

薦,進也。摯,至也。故皆爲臻。臻,至也①。

薦曹練

1.178　賡(gēng)、揚(yáng),續也。

《書》曰:"乃賡載歌。"揚,未詳。

賡古孟

1.179　祔(fù)、祪(guǐ),祖也。

祔,付也,付新死於祖廟。祪,毀廟主。

祔附　祪鬼

1.180　即(jí),尼也。

即,猶今也。尼者,近也。《尸子》曰:"悦尼而來遠。"

尼女乙

1.181　尼(ní),定也。

尼者,止也。止亦定。

1.182　邇(ěr)、幾(jī)、昵(nì),近也。

昵,親近也。

幾機　昵女乙

1.183　妥(tuǒ)、安(ān),坐也。

《禮記》曰:"妥而后傳命。"②

妥他回

1.184　貈(mò)、縮(suō),綸也。

___

① 故皆爲臻臻至也,阮校本作"故皆爲臻至也"。

② 后,《爾雅義疏》同。阮校本作"後"。

綸者,繩也,謂牽縛縮貉之。今俗語亦然。

貉陌

1.185　貉(mò)、嗼(mò)、安(ān),定也。

皆靜定,見《詩》。

嗼莫

1.186　伊(yī),維也。

發語辭。

1.187　伊(yī)、維(wéi),侯也。

《詩》曰:"侯誰在矣。"互相訓。

1.188　時(shí)、寔(shí),是也。

《公羊傳》曰:"寔來者何? 是來也。"

寔石

1.189　卒(zú)、猷(yóu)、假(xiá)、輟(chuò),已也。

猷、假,未詳。

卒子卹　輟丁劣

1.190　求(qiú)、酋(qiú)、在(zài)、卒(zú)、就(jiù),終也。

《詩》曰:"嗣先公酋矣。"成、就,亦終也。其餘未詳。

酋在由

1.191　崩(bēng)、薨(hōng)、無禄(wúlù)、卒(zú)、徂落(cúluò)、
　　　　殪(yì),死也。

古者死亡,尊卑同稱耳。故《尚書》堯曰"殂落",舜曰"陟
方乃死"。

薨呼弘　殪於計

釋言第二

2.001 殷(yīn)、齊(qí),中也。

《書》曰:"以殷仲春。"《釋地》曰:"岠齊州以南。"

2.002 斯(sī)、諺(chǐ),離也。

齊陳曰斯。諺,見《詩》。

諺侈

2.003 謖(sù)、興(xīng),起也。

《禮記》曰:"尸謖。"

謖所六

2.004 還(huán)、復(fù),返也。

還旋

2.005 宣(xuān)、徇(xùn),徧也。

皆周徧也。

徇辭峻

2.006 馹(rì)、遽(jù),傳也。

皆轉車①、驛馬之名。

馹日 傳張戀

2.007 蒙(méng)、荒(huāng),奄也。

奄,奄覆也。皆見《詩》。

---

① 轉,阮校本作"傳",是。

2.008　告(gào)、謁(yè),請也。

皆求請也。

告谷

2.009　蕭(sù)、雝(yōng),聲也。

《詩》曰:"蕭雝和鳴。"

2.010　格(gé)、懷(huái),來也。

《書》曰:"格尔衆庶。"懷,見《詩》。

2.011　畛(zhěn)、厎(zhǐ),致也。

皆見《詩傳》。

2.012　恀(shì)、怙(hù),恃也。

今江東呼母爲恀,音是。

恀是

2.013　律(lǜ)、遹(yù),述也。

皆敘述也,方俗語耳。

2.014　俞(yú)、畣(dá),然也。

《禮記》曰:"男唯女俞。"畣者,應也,亦爲然。

畣荅

2.015　豫(yù)、臚(lú),敘也。

皆陳敘也。

2.016　庶幾(shùjī),尚也。

《詩》曰:"不尚息焉。"

2.017　觀(guān)、指(zhǐ),示也。

　　　《國語》曰:"且觀之兵。"

2.018　若(ruò)、惠(huì),順也。

　　　《詩》曰:"惠然肯來。"

2.019　敖(áo)、嫭(hū),傲也。

　　　《禮記》曰:"無嫭無傲。"[①]傲,慢也。

2.020　幼(yòu)、鞠(jū),稚也。

　　　《書》曰:"不念鞠子哀。"

2.021　逸(yì)、愆(qiān),過也。

　　　《書》曰:"汝則有逸罰。"

　　　愆僁

2.022　疑(níng)、休(xiū),戾也。

　　　戾,止也。疑者亦止。

2.023　疾(jí)、齊(qí),壯也。

　　　壯,壯事,謂速也。齊,亦疾。

2.024　慽(jiè)、褊(biǎn),急也。

　　　皆急狹。

　　　慽紀力　褊必淺

2.025　貿(mào)、賈(gǔ),市也。

　　　《詩》曰:"抱布貿絲。"

---

① 傲,《爾雅義疏》、阮校本皆作"敖",《禮記 投壺》作"敖"。

賈古

2.026　厞(fèi)、陋(lòu)，隱也。

《禮記》曰："厞用席。"《書》曰："揚側陋。"

厞符沸

2.027　遏(è)、遾(shì)，逮也。

東齊曰遏，北燕曰遾，皆相及逮。

遾誓

2.028　征(zhēng)、邁(mài)，行也。

《詩》曰："王于出征。"邁，亦行。

2.029　圮(pǐ)、敗(bài)，覆也。

謂毀覆。

圮皮美

2.030　荐(jiàn)、原(yuán)，再也。

《易》曰："水荐至。"今呼重蠶爲厡。

荐賤

2.031　憮(wǔ)、敉(mǐ)，撫也。

憮，愛撫也。敉，義見《書》。

憮武　敉亡婢

2.032　臞(qú)、脙(xiū)，瘠也。

齊人謂瘠瘦爲脙。

臞衢　脙求

2.033　桄(guàng)、熲(jiǒng)，充也。

皆充盛也。

2.034　屢(lǚ)、暱(nì)，亟也。

親暱者亦數，亟亦數也。

亟墟記

2.035　靡(mǐ)、罔(wǎng)，無也。

2.036　爽(shuǎng)，差也。爽(shuǎng)，忒也。

皆謂用心差錯不專一。

差初

2.037　佴(èr)，貳也。

佴次爲副貳。

佴而志

2.038　劑(jì)、翦(jiǎn)，齊也。

南方人呼翦刀爲劑刀。

劑卽隨

2.039　饙(fēn)、餾(liù)，稔也。

今呼餐飯爲饙，饙熟爲餾。

饙紛　餾力又

2.040　媵(yìng)、將(jiāng)，送也。

《左傳》曰：“以媵秦穆姬。”《詩》曰：“遠于將之。”

媵以證

2.041　作(zuò)、造(zào)，爲也。

2. 042　鎡(fēi)、餱(hóu)，食也。

《方言》云："陳楚之間相呼食爲鎡。"

鎡非

2. 043　鞠(jū)、究(jiù)，窮也。

皆窮盡也，見《詩》。

2. 044　滷(lǔ)、矜(jīn)、鹹(xián)，苦也。

滷，苦地也。可矜憐者，亦辛苦。苦即大鹹。

2. 045　干(gān)、流(liú)，求也。

《詩》曰："左右流之。"

2. 046　流(liú)，覃也。覃(tán)，延也。

皆謂蔓延相被及。

2. 047　佻(tiāo)，偷也。

謂苟且。

佻挑

2. 048　潛(qián)，深也。潛(qián)、深(shēn)，測也。

測亦水深之别名。

2. 049　穀(gǔ)、鞠(jū)，生也。

《詩》曰："穀則異室。"

2. 050　啜(chuò)，茹也。

啜者，拾食。

茹如庶

2.051　茹(rú)、虞(yú),度也。

皆測度也,《詩》曰:"不可以茹。"

度鐸

2.052　試(shì)、式(shì),用也。

見《詩》《書》[①]。

2.053　誥(gào)、誓(shì),謹也。

皆所以約勒謹戒衆。

2.054　競(jìng)、逐(zhú),彊也。

皆自勉彊。

彊巨丈

2.055　禦(yù)、圉(yǔ),禁也。

禁制。

2.056　窒(zhì)、薶(mái),塞也。

謂塞孔穴。

窒豬乙　薶埋

2.057　黼(fǔ)、黻(fú),彰也。

黼文如斧,黻文如兩已相背。

黼甫　黻弗

2.058　膺(yīng)、身(shēn),親也。

謂躬親。

_____

① 見,阮校本作"皆見"。

2.059　愷悌(kǎitì)，發也。

發，發行也。《詩》曰："齊子愷悌。"

2.060　髦士(máoshì)，官也。

取俊士，令居官。

2.061　畯(jùn)，農夫也。

今之嗇夫是也。

畯俊

2.062　蓋(gài)、割(gē)，裂也。

蓋，未詳。

2.063　邕(yōng)、支(zhī)，載也。

皆方俗語，亦未詳。

2.064　諈諉(zhuìwěi)，累也。

以事相屬累爲諈諉。

諉女睡　累劣僞

2.065　漠(mò)、察(chá)，清也。

皆清明。

2.066　庇(bì)、庥(xiū)，廕也。

今俗語呼樹蔭爲庥。

2.067　穀(gǔ)、履(lǚ)，禄也。

《書》曰："既富方穀。"《詩》曰："福履將之。"

2.068　履(lǚ)，禮也。

禮可以履行,見《易》。

2.069　隱(yǐn),占也。
　　　隱度。

2.070　逆(nì),迎也。

2.071　憯(cǎn),曾也。
　　　發語辭,見《詩》。
　　　憯慘

2.072　增(zēng),益也。
　　　今江東通言增。

2.073　寠(jù),貧也。
　　　謂貧陋。
　　　寠求矩

2.074　薆(ài),隱也。
　　　謂隱蔽。

2.075　僾(ài),唈也。
　　　嗚唈,短氣。皆見《詩》。
　　　薆僾並音愛　唈烏合

2.076　基(jī),經也。
　　　基業,所以自經營。

2.077　基(jī),設也。
　　　亦爲造設。

2.078　祺(qí),祥也。

　　謂徵祥。

2.079　祺(qí),吉也。

　　祥[1],吉之先見。

2.080　兆(zhào),域也。

　　謂垺界。

2.081　肇(zhào),敏也。

　　《書》曰:"肇牽車牛。"

2.082　挾(xié),藏也。

　　今江東通言挾。

　　挾叶

2.083　浹(jiā),徹也。

　　謂霑徹。

　　浹接

2.084　替(tì),廢也。替(tì),滅也。

　　亦爲滅絕。

2.085　速(sù),徵也。徵(zhēng),召也。

　　《易》曰:"不速之客。"

2.086　琛(chēn),寶也。

　　《詩》曰:"來獻其琛。"

---

① 祥,《爾雅義疏》作"謂"。

琛扐金

2.087 探(tàn),試也。

刺探嘗試。

2.088 髦(máo),選也。

俊士之選。

2.089 髦(máo),俊也。

士中之俊,如毛中之髦。

2.090 俾(bǐ),職也。

使供職。

2.091 紕(pí),飾也。

謂緣飾,見《詩》。

紕備

2.092 淩(líng),慄也。

淩懍,戰慄。

淩淩

2.093 慄(lì),慼也。

戰慄者憂慼。

2.094 蠲(juān),明也。

蠲,清明貌。

2.095 茅(máo),明也。

《左傳》曰:"前茅慮無。"

2.096　明(míng)，朗也。

2.097　猷(yóu)，圖也。

《周官》曰："以猷鬼神祇。"謂圖畫。

2.098　猷(yóu)，若也。

《詩》曰："寔命不猷。"

2.099　偁(chēng)，舉也。

《書》曰："偁爾戈。"

2.100　稱(chèn)，好也。

物稱人意亦爲好。

2.101　坎(kǎn)、律(lǜ)，銓也。

《易》坎卦主法。法律皆所以銓量輕重。

2.102　矢(shǐ)，誓也。

相約誓。

2.103　舫(fǎng)，舟也。

並兩船。

2.104　泳(yǒng)，游也。

潛行游水底。

2.105　迨(dài)，及也。

東齊曰迨。

2.106　冥(míng)，幼也。

幼稚者冥昧。

2. 107　降(jiàng),下也。

2. 108　傭(chōng),均也。
　　　齊等。
　　　傭勑容

2. 109　强(qiáng),暴也。
　　　强梁,凌暴。

2. 110　宨(tiǎo),肆也。
　　　輕宨者好放肆。

2. 111　肆(sì),力也。
　　　肆,極力。

2. 112　俅(qiú),戴也。
　　　《詩》曰:"戴弁俅俅。"①

2. 113　瘞(yì),幽也。
　　　幽亦薶也。

2. 114　氂(lí),罽也。
　　　毛氂所以爲罽。
　　　氂離　罽計

2. 115　烘(hōng),燎也。
　　　謂燒燎。
　　　燎料

———————————

① 戴,阮校本作"載"。

2.116 煁(chén)，烓也。

今之三隅竈，見《詩》。

煁市針　烓頃

2.117 陪(péi)，朝也。

陪位爲朝。

2.118 康(kāng)，苛也。

謂苛刻。

苛何

2.119 樊(fán)，藩也。

謂藩籬。

2.120 賦(fù)，量也。

賦稅所以評量。

2.121 粻(zhāng)，糧也。

今江東通言粻。

2.122 庶(shù)，侈也。

庶者，衆多爲奢侈。

2.123 庶(shù)，幸也。

庶幾，僥倖。

2.124 筑(zhù)，拾也。

謂拾掇。

筑竹

2.125 奘(zàng)，駔也。

今江東呼大爲駔。駔，猶麤也。

奘徂朗　駔粗

2.126 集(jí)，會也。

2.127 舫(fǎng)，泭也。

水中箄筏。

泭孚

2.128 洵(xún)，均也。

謂調均。

2.129 洵(xún)，龕也。

未詳。

2.130 逮(dài)，遝也。

今荆楚人皆云遝，音沓。

遝沓

2.131 是(shì)，則也。

是事可法則。

2.132 畫(huà)，形也。

畫者爲形象。

畫畫

2.133 賑(zhèn)，富也。

謂隱賑富有。

賑之忍

2.134　局(jú),分也。

謂分部。

分符問

2.135　懠(qí),怒也。

《詩》曰:"天之方懠。"音薺。

懠才細

2.136　偰(xiè),聲也。

謂聲音。

偰屑

2.137　葵(kuí),揆也。

《詩》曰:"天子葵之。"

2.138　揆(kuí),度也。

商度。

度徒各

2.139　逮(dài),及也。

2.140　怒(nì),飢也。

怒然,飢意。

2.141　眕(zhěn),重也。

謂厚重,見《左傳》。

眕之忍

2.142　獵(liè),虐也。

凌獵,暴虐。

2. 143　土(tǔ),田也。

別二名。

2. 144　戍(shù),遏也。

戍守所以止寇賊。

2. 145　師(shī),人也。

謂人衆。

2. 146　硈(qià),鞏也。

硈然,堅固。

硈苦角

2. 147　棄(qì),忘也。

2. 148　翻(áo),閑也。

翻然,閑暇貌。

翻五刀

2. 149　謀(móu),心也。

謀慮以心。

2. 150　獻(xiàn),聖也。

《諡法》曰:"聰明睿智曰獻。"

2. 151　里(lǐ),邑也。

謂邑居。

2. 152　襄(xiāng),除也。

《詩》曰:"不可襄。"

2.153　振(zhèn),古也。

《詩》曰:"振古如茲。"猶云久若此。

2.154　懟(duì),怨也。

懟隊

2.155　縭(lí),介也。

縭者,繫。介,猶閒。

縭離

2.156　號(háo),譹也。

今江東皆言譹。

號毫　譹火故

2.157　凶(xiōng),咎也。

2.158　苞(bāo),稹也。

今人呼物叢緻者爲稹。

2.159　遻(wù),寤也。

相干寤。

遻悟

2.160　頲(dìng),題也。

題,額也。《詩》曰:"麟之定。"

頲丁佞

2.161　猷(yóu)、肯(kěn),可也。

《詩》曰:"猷來無棄。"肯,今通言。

2.162　務(wǔ),侮也。

《詩》曰:"外禦其侮。"

2.163　貽(yí),遺也。

相歸遺。

遺唯季

2.164　貿(mào),買也。

廣二名。

2.165　賄(huì),財也。

2.166　甲(jiǎ),狎也。

謂習狎。

2.167　菼(tǎn),騅也。

菼他敢

2.168　菼(tǎn),薍也。

《詩》曰:"毳衣如菼。"菼草色如騅,在青白之間。

薍五患

2.169　粲(càn),餐也。

今河北人呼食爲餐。

餐孫

2.170　渝(yú),變也。

謂變易。

2.171　宜(yí),肴也。

《詩》曰:"與子宜之。"

2.172　夷(yí)，悦也。

《詩》曰："我心則夷。"

2.173　顛(diān)，頂也。

頭上。

2.174　耋(dié)，老也。

八十爲耋。

耋迭

2.175　輶(yóu)，輕也。

《詩》曰："德輶如毛。"

輶酋

2.176　俴(jiàn)，淺也。

《詩》曰："小戎俴收。"

俴踐

2.177　綯(táo)，絞也。

糾絞繩索。

綯陶

2.178　訛(é)，化也。

《詩》曰："四國是訛。"

2.179　跋(bá)，躐也。

《詩》曰："狼跋其胡。"

躐獵

2.180　疐(zhì)，跲也。

《詩》曰："載震其尾。"

　　寘致　跲其蕪

2.181　烝(zhēng),塵也。
　　人衆所以生塵埃。

2.182　戎(róng),相也。
　　相佐助。

2.183　飫(yù),私也。
　　宴飲之私。

2.184　孺(rú),屬也。
　　謂親屬。

2.185　幕(mù),暮也。
　　幕然暮夜。

2.186　煽(shān),熾也。熾(chì),盛也。
　　互相訓。煽,義見《詩》。

2.187　柢(dǐ),本也。
　　謂根本。

　　柢帝

2.188　窕(tiǎo),閒也。
　　窈窕閒隙。

2.189　淪(lún),率也。
　　相率使。

2.190　罹(lí)，毒也。

憂思慘毒。

2.191　檢(jiǎn)，同也。

模範同等。

2.192　郵(yóu)，過也。

道路所經過。

2.193　遜(xùn)，遁也。

謂逃去。

2.194　獘(bì)，踣也。

前覆。

獘弊　踣蒲北

2.195　僨(fèn)，僵也。

却偃。

僨糞　僵姜

2.196　畛(zhěn)，殄也。

謂殄絕。

2.197　曷(hé)，盍也。

盍，何不。

2.198　虹(hóng)，潰也。

謂潰敗。

潰會

2.199　陪(àn),闇也。

陪然,冥貌。

陪唵　冥莫定

2.200　翔(nì),膠也。

膠黏翔。

翔女乙

2.201　孔(kǒng),甚也。

2.202　厥(jué),其也。

2.203　戛(jiá),禮也。

謂常禮。

2.204　闍(dū),臺也。

城門臺。

闍都

2.205　囚(qiú),拘也。

謂拘執。

2.206　攸(yōu),所也。

2.207　展(zhǎn),適也。

得自申展,皆適意。

2.208　鬱(yù),氣也。

鬱然氣出。

2.209　宅(zhái),居也。

2.210　休(xiū)，慶也。

2.211　祈(qí)，叫也。

祈，祭者叫呼而請事。

2.212　濬(jùn)、幽(yōu)，深也。

濬亦深也。

2.213　哲(zhé)，智也。

2.214　弄(nòng)，玩也。

2.215　尹(yǐn)，正也。

謂官正也。

2.216　皇(huáng)、匡(kuāng)，正也。

《詩》曰："四國是皇。"

2.217　服(fú)，整也。

服御之，令齊整。

2.218　聘(pìn)，問也。

見《穀梁傳》。

2.219　愧(kuì)，慙也。

2.220　殛(jí)，誅也。

《書》曰："鯀則殛死。"

殛紀力

2.221　克(kè)，能也。

2.222　翌(yì),明也。

《書》曰:"翌日乃瘳。"

2.223　訩(xiōng),訟也。

言訩譊。

2.224　晦(huì),冥也。

冥亡定

2.225　奔(bēn),走也。

2.226　逡(qūn),退也。

《外傳》曰:"已復於事而逡。"

2.227　躓(zhì),仆也。

頓躓倒仆。

仆赴

2.228　亞(yà),次也。

2.229　諗(shěn),念也。

相思念。

諗審

2.230　屆(jiè),極也。

有所限極。

2.231　奄(yǎn)[1],同也。

————

[1] 奄,阮校本作"弇"。

《詩》曰:"奄有龜蒙。"

2.232　弇(yǎn),蓋也。
謂覆蓋。

弇掩

2.233　恫(tōng),痛也。
《詩》曰:"神罔時恫。"

2.234　握(wò),具也。
謂備具。

2.235　振(zhèn),訊也。
振者奮迅。

2.236　鬩(xì),恨也。
相怨恨。

鬩呼歷

2.237　越(yuè),揚也。
謂發揚。

2.238　對(duì),遂也。
《詩》曰:"對揚王休。"

2.239　燬(huǐ),火也。
《詩》曰:"王室如燬。"燬,齊人語。

燬毀

2.240　懈(xiè),怠也。

2.241　宣(xuān),緩也。
　　　謂寬緩。

2.242　遇(yù),偶也。
　　　偶爾相值遇。

2.243　曩(nǎng),曏也。
　　　《國語》曰:"曩而言戲也。"

2.244　偟(huáng),暇也。
　　　《詩》曰:"不遑啟處。"
　　　偟皇

2.245　宵(xiāo),夜也。

2.246　懊(ào)[①],忼也。
　　　謂愛忼。
　　　懊烏報　忼五館

2.247　愒(kài),貪也。
　　　謂貪羨。
　　　愒苦蓋

2.248　榰(zhī),柱也。
　　　相榰柱。
　　　榰枝　柱注

2.249　裁(cái),節也。

————————

[①]《漢語大字典》讀yù。

2.250　並(bìng)，併也。
《詩》曰："並坐鼓瑟。"

2.251　卒(zú)，既也。
既，已。

2.252　㥰(qiú)①，慮也。
謂謀慮也。

㥰囚

2.253　將(jiāng)，資也。
謂資裝。

2.254　黹(zhǐ)，紩也。
今人呼縫紩衣爲黹。

黹致恥　紩袟

2.255　遞(dì)，迭也。
更迭。

2.256　矤(shěn)，況也。
譬況。

2.257　廩(lǐn)，廯也。
或説云：即倉廩，所未詳。

廯息淺

2.258　逭(huàn)，逃也。

━━━━━━━━
① 《漢語大字典》讀cóng。

亦見《禮記》。

逭換

2.259　訊(xùn),言也。

相問訊。

2.260　間(jiàn),倪也。

《左傳》謂之諜,今之細作也。

間諫　倪胡典

2.261　沄(yún),沇也。

水流沄沄。

沄云　沇胡黨

2.262　干(gàn),扞也。

相扞衞。

2.263　趾(zhǐ),足也。

足,脚。

2.264　跳(fèi),刖也。

斷足。

跳扶味

2.265　襄(xiāng),駕也。

《書》曰:"懷山襄陵。"

2.266　忝(tiǎn),辱也。

2.267　燠(yù),煖也。

今江東通言燠。

燠於六

2.268　塊(kuài)，堛也。

土塊也，《外傳》曰："枕曲以堛。"

堛孚逼

2.269　將(jiāng)，齊也。

謂分齊也，《詩》曰："或肆或將。"

齊才細

2.270　餬(hú)，饘也。

糜也。

饘之然

2.271　啟(qǐ)，跪也。

小跽。

2.272　瞑(mián)，密也。

謂緻密。

瞑武延

2.273　開(kāi)，闢也。

《書》曰："闢四門。"

2.274　袍(páo)，襺也。

《左傳》曰："重襺衣裘。"

襺吉典

2.275　障(zhàng)，畛也。

謂壅障。

2.276　靦(tiǎn)，姡也。

面姡然。

靦他典　姡滑

2.277　鬻(zhōu)，糜也。

淖糜。

鬻之六

2.278　舒(shū)，緩也。

謂遲緩。

2.279　翢(táo)，纛也。

今之羽葆幢。

翢徒刀　纛徒到

2.280　纛(dào)，翳也。

舞者所以自蔽翳。

2.281　隍(huáng)，壑也。

城池空者爲壑。

2.282　芼(mào)，搴也。

謂拔取菜。

2.283　典(diǎn)，經也。

2.284　威(wēi)，則也。

威儀可法則。

2.285　苛(kē),妎也。

烦苛者多嫉妎。

妎胡計

2.286　芾(fèi),小也。

芾者,小貌。

芾貝

2.287　迷(mí),惑也。

2.288　狃(niǔ),復也。

狃忕復爲。

狃女九　復扶又

2.289　逼(bī),迫也。

2.290　般(bān),還也。

《左傳》曰:"般馬之聲。"

般班　還旋

2.291　班(bān),賦也。

謂布與。

2.292　濟(jì),渡也。濟(jì),成也。濟(jì),益也。

所以廣異訓,各隨事爲義。

2.293　緡(mín),綸也。

《詩》曰:"維絲伊緡。"緡,繩也,江東謂之綸。

緡民

2.294 辟(bì),歷也。

未詳。

辟婢亦

2.295 漦(chí),盇也。

漉漉出涎沫。

漦仕其

2.296 寬(kuān),綽也。

謂寬裕也。

2.297 袞(gǔn),黻也。

袞衣有黻文。

2.298 華(huā),皇也。

《釋草》曰:"葟、華,榮。"

華胡瓜

2.299 昆(kūn),後也。

謂先後,方俗語。

2.300 彌(mí),終也。

终竟也。

釋訓第三

3.001　明明(míngmíng)、斤斤(jīnjīn),察也。

皆聰明鑒察。

斤居覲

3.002　條條(tiáotiáo)、秩秩(zhìzhì),智也。

皆智思深長。

條由

3.003　穆穆(mùmù)、肅肅(sùsù),敬也。

皆容儀謹敬。

3.004　諸諸(zhūzhū)、便便(piánpián),辯也。

皆言辭辯給。

便婢緜

3.005　肅肅(sùsù)、翼翼(yìyì),恭也。

皆恭敬。

3.006　廱廱(yōngyōng)、優優(yōuyōu),和也。

皆和樂。

廱於容

3.007　兢兢(jīngjīng)、憴憴(shéngshéng),戒也。

皆戒慎。

3.008　戰戰(zhànzhàn)、蹌蹌(qiāngqiāng),動也。

皆恐動趨步。

3. 009　晏晏(yànyàn)、溫溫(wēnwēn),柔也。
皆和柔。

3. 010　業業(yèyè)、翹翹(qiáoqiáo),危也。
皆懸危。

3. 011　惴惴(zhuìzhuì)、憢憢(xiāoxiāo),懼也。
皆危懼。

惴之瑞　憢許堯

3. 012　番番(bōbō)、矯矯(jiǎojiǎo),勇也。
皆壯勇之貌。

番波　矯居兆

3. 013　桓桓(huánhuán)、烈烈(lièliè),威也。
皆嚴猛之貌。

3. 014　洸洸(guāngguāng)、赳赳(jiūjiū),武也。
皆果毅之貌。

3. 015　藹藹(ǎiǎi)、濟濟(jǐjǐ),止也。
皆賢士盛多之容止。

藹烏害　濟子禮

3. 016　悠悠(yōuyōu)、洋洋(yǎngyǎng),思也。
皆憂思。

思賜

3.017　蹞蹞(guìguì)、踖踖(jíjí)，敏也。
　　皆便速敏捷。
　　踖夕

3.018　薨薨(hōnghōng)、增增(zēngzēng)，衆也。
　　皆衆夥之貌。

3.019　烝烝(zhēngzhēng)、遂遂(suìsuì)，作也。
　　皆物盛興作之貌。

3.020　委委(wēiwēi)、佗佗(tuótuó)，美也。
　　皆佳麗美豔之貌。
　　佗陀

3.021　恉恉(qíqí)、惕惕(tìtì)，愛也。
　　《詩》云："心焉惕惕。"《韓詩》以爲悦人，故言愛也。恉恉，
　未詳。
　　恉徒啟

3.022　偁偁(chēngchēng)、格格(gégé)，舉也。
　　皆舉持物。

3.023　蓁蓁(zhēnzhēn)、孽孽(nièniè)，戴也。
　　皆頭戴物。

3.024　懕懕(yānyān)、媞媞(títí)，安也。
　　皆好人安詳之容。
　　懕於占　媞題

3.025　祁祁(qíqí)、遲遲(chíchí)，徐也。

皆安徐。

3.026 丕丕(pīpī)、簡簡(jiǎnjiǎn),大也。

皆多大。

3.027 存存(cúncún)、萌萌(méngméng),在也。

萌萌,未見所出。

3.028 懋懋(màomào)、慔慔(mùmù),勉也。

皆自勉强。

懋茂 慔暮[1]

3.029 庸庸(yōngyōng)、慅慅(cǎocǎo),勞也。

皆劬勞也。

慅騷

3.030 赫赫(hèhè)、躍躍(tìtì),迅也。

皆盛疾之貌。

赫釋

3.031 綽綽(chuòchuò)、爰爰(yuányuán),緩也。

皆寬緩也。悠悠、偁偁、丕丕、簡簡、存存、懋懋、庸庸、綽綽,盡重語。

3.032 坎坎(kǎnkǎn)、壿壿(cūncūn),喜也。

皆鼓舞懽喜。

壿七旬

---

① 慔,原誤作"慀",據正文改。

3.033　瞿瞿(jùjù)、休休(xiūxiū),儉也。

皆良士節儉。

瞿居具

3.034　旭旭(xùxù)、蹻蹻(jiǎojiǎo),憍也。

皆小人得志憍蹇之貌。

蹻巨虐　憍嬌天

3.035　夢夢(méngméng)、訰訰(zhùnzhùn),亂也。

皆闇亂。

夢亡工　訰之閏

3.036　懪懪(bóbó)、邈邈(miǎomiǎo),悶也。

皆煩悶。

懪電

3.037　儚儚(méngméng)、洄洄(huíhuí)[1],惽也。

皆迷惽。

儚亡崩

3.038　版版(bǎnbǎn)、盪盪(dàngdàng),僻也。

皆邪僻。

3.039　爞爞(chóngchóng)、炎炎(yányán),薰也。

皆旱熱薰炙人。

爞同

————————

[1]　洄洄,阮校本改作"個個"。

3.040　居居(jūjū)、究究(jiùjiù),惡也。

皆相憎惡。

3.041　仇仇(qiúqiú)、敖敖(áoáo),傲也。

皆傲慢賢者。

敖五高　傲五耗

3.042　佌佌(cǐcǐ)、瑣瑣(suǒsuǒ),小也。

皆才器細陋。

佌此

3.043　悄悄(qiǎoqiǎo)、慘慘(cǎncǎn),慍也。

皆賢人愁恨。

3.044　痯痯(guǎnguǎn)、瘐瘐(yǔyǔ),病也。

皆賢人失志,懷憂病也。

痯管　瘐羊主

3.045　殷殷(yīnyīn)、惸惸(qióngqióng)、忉忉(dāodāo)、
慱慱(tuántuán)、欽欽(qīnqīn)、京京(jīngjīng)、忡忡
(chōngchōng)、惙惙(chuòchuò)、怲怲(bǐngbǐng)、弈弈
(yìyì),憂也。

此皆作者歌事以詠心憂。

惸瓊　慱團　怲柄

3.046　畇畇(xúnxún),田也。

言墾辟也。

畇巡

3.047　畟畟(cècè)，耜也。

言嚴利。

畟楚力

3.048　郝郝(shìshì)，耕也。

言土解。

郝釋

3.049　繹繹(yìyì)，生也。

言種調。

3.050　穟穟(suìsuì)，苗也。

言茂好也。

穟遂

3.051　緜緜(miánmián)，穊也。

言芸精。

穊方遥

3.052　挃挃(zhìzhì)，穫也。

刈禾聲。

挃丁秩　　穫户郭

3.053　栗栗(lìlì)，衆也。

積聚緻。

3.054　溞溞(sāosāo)，淅也。

洮米聲。

溞蘇刀　　淅錫

3.055　烰烰(fúfú),烝也。

　　氣出盛。

3.056　俅俅(qiúqiú),服也。

　　謂戴弁服。

3.057　峨峨(éé),祭也。

　　謂執圭璋助祭。

3.058　鍠鍠(huánghuáng),樂也。

　　鐘鼓音。

　　鐄横

3.059　穰穰(rángráng),福也。

　　言饒多。

3.060　子子孫孫(zǐzǐsūnsūn),引無極也。

　　世世昌盛長無窮。

3.061　顒顒(yóngyóng)、卬卬(ángáng),君之德也。

　　道君人者之德望[1]。

3.062　丁丁(zhēngzhēng)、嚶嚶(yīngyīng),相切直也。

　　丁丁,斫木聲。嚶嚶,兩鳥鳴。以喻朋友切磋相正。

　　丁争

3.063　藹藹(ǎiǎi)、萋萋(qīqī),臣盡力也。

　　梧桐茂,賢士衆,地極化,臣竭忠。

---

[1]　君人,阮校本作"人君"。

盡咨忍

3.064　雝雝(yōngyōng)、喈喈(jiējiē)，民協服也。

鳳凰應德鳴相和，百姓懷附興頌歌。

喈皆

3.065　佻佻(tiáotiáo)、契契(qìqì)，愈遐急也。

賦役不均，小國困竭。賢人憂歎，遠益急切。

佻勑料　契苦結

3.066　宴宴(yànyàn)、粲粲(càncàn)，尼居息也。

盛飾宴安，近處優閑。

尼女乙

3.067　哀哀(āiāi)、悽悽(qīqī)，懷報德也。

悲苦征役，思所生也。

3.068　儵儵(dídí)、嘒嘒(huìhuì)，罹禍毒也。

悼王道穢塞，羨蟬鳴自得，傷己失所，遭讒賊。

儵徒的　嘒呼惠

3.069　晏晏(yànyàn)、旦旦(dàndàn)，悔爽忒也。

傷見絕弃，恨士失也。

3.070　皋皋(gāogāo)、琄琄(xuànxuàn)，刺素食也。

譏無功德，尸寵祿也。

琄胡犬　刺七賜

3.071　懽懽(guànguàn)、愮愮(yáoyáo)，憂無告也。

賢者憂懼，無所訴也。

懽貫　愮遙

3.072　憲憲(xiànxiàn)、泄泄(yìyì),制法則也。
佐興虐政,設教令也。

3.073　謔謔(xuèxuè)、謞謞(hèhè),崇讒慝也。
樂禍助虐,增譖惡也。

謞虛各

3.074　翕翕(xīxī)、訿訿(zǐzǐ),莫供職也。
賢者陵替姦宄黨熾,背公恤私曠職事。

訿子尔

3.075　速速(sùsù)、蹙蹙(cùcù),惟逑鞫也。
陋人專祿國侵削,賢士永哀念窮迫。

3.076　抑抑(yìyì),密也。
威儀審諦。

3.077　秩秩(zhìzhì),清也。
德音清泠。

3.078　甹夆(pīngfēng),掣曳也。
謂牽挓。

甹普經　夆芳逢　掣充世

3.079　朔(shuò),北方也。
謂幽朔。

3.080　不俟(bùsì),不來也。

不可待,是不復來。

3.081　不遹(bùyù),不蹟也。

言不循軌跡也。

遹述

3.082　不徹(bùchè),不道也。

徹,亦道也。

3.083　勿念(wùniàn),勿忘也。

勿念,念也。

3.084　蕿(xuān)、諼(xuān),忘也。

義見《伯兮》《考槃》詩。

蕿萲　諼喧

3.085　每有(měiyǒu),雖也。

《詩》曰:"每有良朋。"辭之雖也。

3.086　饎(chì),酒食也。

猶今云饎餴,皆一語而兼通。

3.087　舞(wǔ)、號(háo),雩也。

雩之祭,舞者吁嗟而請雨。

號毫　雩于

3.088　暨(jì),不及也。

《公羊傳》曰:"及我欲之,暨不得已。""暨不得已",是不得及。

暨忌

3.089　蠢(chǔn),不遜也。

蠢動爲惡,不謙遜也。

3.090　如切如磋(rúqiērúcuō),道學也。

骨象須切磋而爲器,人須學問以成德。

3.091　如琢如磨(rúzhuórúmó),自脩也。

玉石之被雕磨,猶人自脩飾。

3.092　瑟兮僩兮(sèxīxiànxī),恂慄也。

恒戰竦。

僩限

3.093　赫兮烜兮(hèxīxuānxī),威儀也。

貌光宣。

烜喧

3.094　有斐君子,終不可諼兮(yǒufěijūnzǐzhōngbùkěxuānxī),
道盛德至善,民之不能忘也。

斐,文貌。常思詠。

3.095　既微且尰(jìwēiqiězhǒng),骭瘍爲微,腫足爲尰。

骭,脚脛。瘍,瘡。

尰時勇　骭莧　瘍羊

3.096　是刈是穫(shìyìshìhuò)[1],鑊[2],煮之也。

___

[1]　穫,《爾雅義疏》作"鑊",阮校本作"濩"。今本《詩經·葛覃》作
"濩"。

[2]　鑊,《爾雅義疏》同,阮校本作"濩"。

煮葛爲絺綌。

3.097　履帝武敏(wǔmǐn)，武，迹也；敏，拇也。

拇迹大指處。

拇畝

3.098　張仲孝友(zhāngzhòngxiàoyǒu)，善父母爲孝，善兄弟爲友。

周宣王時賢臣。

3.099　有客宿宿(yǒukèsùsù)，言再宿也。有客信信(yǒukèxìnxìn)，言四宿也。

再宿爲信，重言之，故知四宿。

3.100　美女爲媛(yuàn)。

所以結好媛。

媛于眷

3.101　美士爲彦(yàn)。

人所彦詠。

3.102　其虚其徐(qíxūqíxú)，威儀容止也。

雍容都雅之貌。

3.103　猗嗟名兮(yījiēmíngxī)，目上爲名。

眉眼之閒。

猗於宜

3.104　式微式微(shìwēishìwēi)者，微乎微者也。

言至微。

3.105　之子(zhīzǐ)者,是子也。

斥所詠。

3.106　徒御不驚(túyùbùjīng),輦者也。

步挽輦車。

3.107　襢裼(tǎnxī),肉袒也。

脫衣而見體。

襢但　裼息

3.108　暴虎(bàohǔ),徒搏也。

空手執也。

3.109　馮河(pínghé),徒涉也。

無舟楫。

馮平

3.110　籧篨(qúchú),口柔也。

籧篨之疾不能俯,口柔之人視人顏色常亦不伏,因以名云。

籧渠　篨除

3.111　戚施(qīshī),面柔也。

戚施之疾不能仰,面柔之人常俯,似之,亦以名云。

3.112　夸毗(kuāpí),體柔也。

屈己卑身,以柔順人也。

夸誇

3.113　婆娑(pósuō),舞也。

舞者之容。

3. 114 擗(bì),拊心也。

謂椎胸也。

擗婢亦　拊撫

3. 115 矜憐(jīnlián),撫掩之也。

撫掩,猶撫拍,謂慰恤也。

3. 116 緎(yù),羔裘之縫也。

縫飾羔皮之名。

緎域　縫逢

3. 117 殿屎(diànxī),呻也。

呻吟之聲。

殿丁練　屎希　呻申

3. 118 幬謂之帳(zhàng)。

今江東亦謂帳爲幬。

幬紬

3. 119 侜張(zhōuzhāng),誑也。

《書》曰:"無或侜張爲幻。"幻惑欺誑人者。

侜張留

3. 120 誰昔(shuíxī),昔也。

誰,發語辭。

3. 121 不辰(bùchén),不時也。

辰亦時也。

3. 122 凡曲者爲罶(liǔ)。

《毛詩傳》曰:"罶,曲梁也。"凡以薄爲魚笱者,名爲罶。

罶力九

3. 123　鬼(guǐ)之爲言歸也。

《尸子》曰:"古者謂死人爲歸人。"

釋親第四

4.001　父爲考(kǎo)，母爲妣(bǐ)。

《禮記》曰："生曰父、母、妻，死曰考、妣、嬪。"今世學者從之。按：《尚書》曰"大傷厥考心""事厥考厥長""聰聽祖考之彝訓""如喪考妣"。《公羊傳》曰："惠公者何？隱之考也。仲子者何？桓之母也。"《蒼頡篇》曰："考妣延年。"《書》曰："嬪于虞。"《詩》曰："聿嬪于京。"《周禮》有九嬪之官。明此非死生之異稱矣。其義猶今謂兄爲晜、妹爲娣，即是此例也。

妣比

4.002　父之考爲王父(wángfù)，父之妣爲王母(wángmǔ)。

加王者尊之[①]。

4.003　王父之考爲曾祖王父(zēngzǔwángfù)，王父之妣爲曾祖王母(zēngzǔwángmǔ)。

曾，猶重也。

4.004　曾祖王父之考爲高祖王父(gāozǔwángfù)，曾祖王父之妣爲高祖王母(gāozǔwángmǔ)。

高者，言最在上。

4.005　父之世父、叔父爲從祖祖父(zòngzǔzǔfù)，父之世母、叔母爲從祖祖母(zòngzǔzǔmǔ)。

從祖而別世統異故。

---

① 加，《爾雅義疏》同，阮校本作"如"。

從父從祖從母從並才用切

4.006 父之晜弟，先生爲世父(shìfù)，後生爲叔父(shūfù)。

世有爲嫡者，嗣世統故也。

晜昆

4.007 男子先生爲兄(xiōng)，後生爲弟(dì)。男子謂女子先生爲姊(zǐ)[①]，後生爲妹(mèi)。

4.008 父之姊妹爲姑(gū)。

4.009 父之從父晜弟爲從祖父(zòngzǔfù)，父之從祖晜弟爲族父(zúfù)。族父之子相謂爲族晜弟(zúkūndì)。族晜弟之子相謂爲親同姓(qīntóngxìng)。

同姓之親無服屬。

4.010 兄之子、弟之子相謂爲從父晜弟(zòngfùkūndì)。

從父而別。

4.011 子之子爲孫(sūn)。

孫，猶後也。

4.012 孫之子爲曾孫(zēngsūn)。

曾，猶重也。

4.013 曾孫之子爲玄孫(xuánsūn)。

玄者，言親屬微昧也。

---

① 男子，《爾雅義疏》同，阮校本無。

4.014　玄孫之子爲來孫(láisūn)。

言有往來之親。

4.015　來孫之子爲晜孫(kūnsūn)。

晜,後也,《汲冢竹書》曰:"不窋之晜孫。"①

4.016　晜孫之子爲仍孫(réngsūn)。

仍,亦重也。

4.017　仍孫之子爲雲孫(yúnsūn)。

言輕遠如浮雲。

4.018　王父之姊妹爲王姑(wánggū)。曾祖王父之姊妹
　　　爲曾祖王姑(zēngzǔwánggū)。高祖王父之姊妹爲
　　　高祖王姑(gāozǔwánggū)。父之從父姊妹爲從祖姑
　　　(zòngzǔgū)。父之從祖姊妹爲族祖姑(zúzǔgū)。

4.019　父之從父晜弟之母爲從祖王母(zòngzǔwángmǔ)。
　　　父之從祖晜弟之母爲族祖王母(zúzǔwángmǔ)。父之
　　　兄妻爲世母(shìmǔ),父之弟妻爲叔母(shūmǔ)。父之
　　　從父晜弟之妻爲從祖母(zòngzǔmǔ)。父之從祖晜弟
　　　之妻爲族祖母(zúzǔmǔ)。

4.020　父之從祖祖父爲族曾王父(zúzēngwángfù),父之
　　　從祖祖母爲族曾王母(zúzēngwángmǔ)。

4.021　父之妾爲庶母(shùmǔ)。

① 窋,《爾雅義疏》、阮校本作"窋"。

4.022　祖(zǔ),王父也。晜(kūn),兄也。

今江東人通言晜。

——4.(1)**宗族**(zōngzú)

4.023　母之考爲外王父(wàiwángfù),母之妣爲外王母
(wàiwángmǔ)。母之王考爲外曾王父(wàizēngwángfù),
母之王妣爲外曾王母(wàizēngwángmǔ)。

異姓,故言外。

4.024　母之晜弟爲舅(jiù),母之從父晜弟爲從舅(zòngjiù)。

4.025　母之姊妹爲從母(zòngmǔ)。從母之男子爲從母晜
弟(zòngmǔkūndì),其女子子爲從母姊妹(zòngmǔzǐmèi)。

——4.(2)**母黨**(mǔdǎng)

4.026　妻之父爲外舅(wàijiù),妻之母爲外姑(wàigū)。

謂我舅者,吾謂之甥,然則亦宜呼壻爲甥。《孟子》曰:“帝
館甥于二室。”是。

4.027　姑之子爲甥(shēng),舅之子爲甥(shēng),妻之晜
弟爲甥(shēng),姊妹之夫爲甥(shēng)。

四人體敵,故更相爲甥。甥,猶生也,今人相呼蓋依此[①]。

4.028　妻之姊妹,同出爲姨(yí)。

同出謂俱已嫁,《詩》曰:“邢侯之姨。”

---

① 　蓋,《爾雅義疏》同,阮校本作“皆”。

4.029　女子謂姊妹之夫爲私(sī)。

　　《詩》曰:"譚公維私。"

4.030　男子謂姊妹之子爲出(chū)。

　　《公羊傳》曰:"蓋舅出。"

4.031　女子謂昆弟之子爲姪(zhí),《左傳》曰:"姪其從姑。"
　　　　謂出之子爲離孫(lísūn),謂姪之子爲歸孫(guīsūn),女
　　　　子子之子爲外孫(wàisūn)。

　　姪徒結

4.032　女子同出,謂先生爲姒(sì),後生爲娣(dì)。

　　同出,謂俱嫁事一夫。《公羊傳》曰:"諸侯娶一國,二國往
　　媵之,以姪娣從。娣者何? 弟也。"此即其義也。

　　姒似　　娣弟

4.033　女子謂兄之妻爲嫂(sǎo),弟之妻爲婦(fù)。

　　猶今言新婦是也。

4.034　長婦謂稚婦爲娣婦(dìfù),娣婦謂長婦爲姒婦
　　　　(sìfù)。

　　今相呼先後,或云妯娌。

　　——4.(3)妻黨(qīdǎng)

4.035　婦稱夫之父曰舅(jiù),稱夫之母曰姑(gū)。姑舅在,
　　　　則曰君舅(jūnjiù)、君姑(jūngū);没,則曰先舅(xiānjiù)、
　　　　先姑(xiāngū)。

　　《國語》曰:"吾聞之先姑。"

4.036　謂夫之庶母爲少姑(shàogū)。夫之兄爲兄公
(xiōngzhōng)，今俗呼兄鐘，語之轉耳。夫之弟爲叔(shū)，
夫之姊爲女公(nǚgōng)，夫之女弟爲女妹(nǚmèi)[1]。
今謂之女妹是也。

公鍾

4.037　子之妻爲婦(fù)，長婦爲嫡婦(dífù)，衆婦爲庶婦
(shùfù)。

嫡的

4.038　女子子之夫爲壻(xù)，壻之父爲姻(yīn)，婦之父
爲婚(hūn)。

4.039　父之黨爲宗族(zōngzú)，母與妻之黨爲兄弟
(xiōngdì)。

4.040　婦之父母、壻之父母，相謂爲婚姻(hūnyīn)。

4.041　兩壻相謂爲亞(yà)。
《詩》曰：“瑣瑣姻亞。”今江東人呼同門爲僚壻。

4.042　婦之黨爲婚兄弟(hūnxiōngdì)，壻之黨爲姻兄弟
(yīnxiōngdì)。
古者皆謂婚姻爲兄弟。

4.043　嬪(pín)，婦也。
《書》曰：“嬪于虞。”

─────────────

[1]　女妹，或認爲當作“女叔”。

　　嬪頻

4.044　謂我舅者,吾謂之甥(shēng)也。

——4.（4）**婚姻**(hūnyīn)

　　爾雅卷上　經四千一百三十二字,注五千四百一十六字

爾雅卷中

郭璞注

釋宮第五

5.001　宮謂之室(shì),室謂之宮(gōng)。
皆所以通古今之異語,明同實而兩名。

5.002　牗户之間謂之扆(yǐ),窗東户西也,《禮》云"斧扆"者,
以其所在處名之。其内謂之家(jiā)。今人稱家,義出於此。
扆倚

5.003　東西墙謂之序(xù)。所以序別内外。

5.004　西南隅謂之奧(ào),室中隱奧之處。西北隅謂之屋
漏(wūlòu),《詩》曰:"尚不媿於屋漏。"其義未詳。東北隅
謂之宧(yí),宧,見《禮》,亦未詳。東南隅謂之窔(yào)。
《禮》曰:"婦室聚窔。"① 窔亦隱闇。
宧夷　窔要

5.005　柣謂之閾(yù)。

----

① 婦,《爾雅義疏》,阮校本作"埽"。

閾,門限。

柣于結 閾域

5.006 棖謂之楔(xiē)。

門兩旁木。

楔古點

5.007 楣謂之梁(liáng)。

門户上横梁。

5.008 樞謂之椳(wēi)。

門户扉樞。

樞昌朱 椳於回

5.009 樞達北方謂之落時(luòshí)。

門持樞者,或達北檼以爲固也。

5.010 落時謂之戺(shì)。

道二名也。

戺士

5.011 垝謂之坫(diàn)。

在堂隅。坫,端也。

坫店

5.012 牆謂之墉(yōng)。

《書》曰:"既勤垣墉。"

5.013 鏝謂之杇(wū)。

泥鏝。

杇鳥

5.014　椹謂之榩(qián)。

斫木櫍也。

椹砧　榩虔

5.015　地謂之黝(yǒu)。

黑飾地也。

黝於糾

5.016　牆謂之堊(è)。

白飾牆也。

堊於故

5.017　樴謂之杙(yì)。

橜也。

樴徒得　杙亦

5.018　在牆者謂之楎(huī),《禮記》曰:"不敢縣於夫之楎椸。"在地者謂之臬(niè)。即門橜也。

楎暉　臬魚列

5.019　大者謂之栱(gǒng),長者謂之閣(gé)。

別杙所在長短之名。

5.020　闍謂之臺(tái)。

積土四方。

闍都

5.021　有木者謂之榭(xiè)。

臺上起屋。

5.022　雞棲於弋爲榤(jié)，鑿垣而棲爲塒(shí)。
今寒鄉穿牆棲雞，皆見《詩》。

榤竭　垣袁　塒時

5.023　植謂之傳(chuán)，傳謂之突(tū)。
戶持鏁植也，見《埤蒼》。

5.024　宋廇謂之梁(liáng)，屋大梁也。其上楹謂之桷
(zhuō)。侏儒柱也。

宋云[①]　廇力又　桷拙

5.025　開謂之槉(jí)。
柱上欂也，亦名枅，又曰楷。

開卞　槉疾

5.026　栭謂之楶(jié)。
即櫨也。

楶節

5.027　棟謂之桴(fú)。
屋檼。

桴浮

5.028　桷謂之榱(cuī)。
屋橑。

---

① 宋，《廣韻》武方切、莫郎切，疑"云"當作"亡"。

桟衰

5.029　桷直而遂謂之閲(yuè)，謂五架屋際，椽正相當。直不
　　　　受檐謂之交(jiāo)。謂五架屋際，椽不直上檐，交於欂上。

檐簷

5.030　檐謂之樀(dí)。

屋梠。

樀滴

5.031　容謂之防(fáng)。

形如今牀頭小曲屏風，唱射者所以自防隱。見《周禮》。

5.032　連謂之移(yí)。

堂樓閣邊小屋，今呼之簃厨、連觀也。

簃丈知

5.033　屋上薄謂之筄(yào)。

屋笮。

筄曜

5.034　兩階間謂之鄉(xiàng)。

人君南鄉當階間。

鄉向

5.035　中庭之左右謂之位(wèi)。

群臣之列位也[1]。

────────────

[1]　列，《爾雅義疏》同，阮校本作"側"。

5.036　門屏之間謂之宁(zhù)。

人君視朝所宁立處。

屏卑井　宁佇

5.037　屏謂之樹(shù)。

小牆當門中。

5.038　閍謂之門(mén)。

《詩》曰:"祝祭於祊。"

閍補耕

5.039　正門謂之應門(yìngmén)。

朝門。

5.040　觀謂之闕(què)。

宮門雙闕。

觀貫

5.041　宮中之門謂之闈(wéi)。

謂相通小門也。

5.042　其小者謂之閨(guī),小閨謂之閣(gé)。

大小異名。

5.043　衖門謂之閎(hóng)。

《左傳》曰:"盟諸僖閎。"閎,衖頭門。

衖巷

5.044　門側之堂謂之塾(shú)。

夾門堂也。

塾熟

5.045　橛謂之闃(niè)。

門閫。

橛其月　闃魚列

5.046　闔謂之扉(fēi)。

《公羊傳》曰:"齒著于門闔。"

5.047　所以止扉謂之閎(hóng)①。

門辟旁長橛也。《左傳》曰:"高其閈閎。"閎,長杙,即門橜也。

5.048　瓽甀謂之甓(pì)。

甀甎也,今江東呼瓽甓。

瓽靈　甀的　甓蒲覓

5.049　宮中衖謂之壺(kǔn)。

巷閤間道。

壺苦本

5.050　廟中路謂之唐(táng)。

《詩》曰:"中唐有甓。"

5.051　堂途謂之陳(chén)。

堂下至門徑也。

5.052　路(lù)、旅(lǔ),途也。

途即道也。

────────

① 閎,《爾雅義疏》作"閣"。

5.053　路(lù)、場(cháng)、猷(yóu)、行(háng)，道也。

博說道之異名。

5.054　一達謂之道路(dàolù)。

長道。

5.055　二達謂之岐旁(qípáng)。

岐道旁出也。

5.056　三達謂之劇旁(jùpáng)。

今南陽冠軍樂鄉，數道交錯，俗呼之五劇鄉。

劇極

5.057　四達謂之衢(qú)。

交道四出。

5.058　五達謂之康(kāng)。

《史記》所謂"康莊之衢"。

5.059　六達謂之莊(zhuāng)。

《左傳》曰："得慶氏之木百車於莊。"

5.060　七達謂之劇驂(jùcān)。

三道交，復有一岐出者，今北海劇縣有此道。

5.061　八達謂之崇期(chóngqī)。

四道交出。

5.062　九達謂之逵(kuí)。

四道交出，復有旁通。

5.063　室中謂之時(shí)。

5.064　堂上謂之行(xíng),堂下謂之步(bù),門外謂之趨
　　　　(qū),中庭謂之走(zǒu),大路謂之奔(bēn)。
　　　此皆人行步趨走之處,因以名云。

5.065　隄謂之梁(liáng)。
　　　即橋也,或曰石絕水者爲梁。見《詩傳》。
　　　隄低

5.066　石杠謂之徛(jì)。
　　　聚石水中以爲步渡彴也。《孟子》曰:"歲十月,徒杠成。"或
　　　曰今之石橋。
　　　杠江　徛寄

5.067　室有東西廂曰廟(miào)。
　　　夾室前堂。

5.068　無東西廂,有室曰寢(qǐn)。
　　　但有大室。

5.069　無室曰榭(xiè)。
　　　榭即今堂埕。

5.070　四方而高曰臺(tái),陜而修曲曰樓(lóu)①。
　　　脩長也。
　　　陜狹

————————

① 修,或作"脩"。

釋器第六

6.001　木豆謂之豆(dòu)。

豆,禮器也。

6.002　竹豆謂之籩(biān)。

籩,亦禮器。

籩邊

6.003　瓦豆謂之登(dēng)。

即膏登也。

6.004　盎謂之缶(fǒu)。

盆也。

盎烏浪　缶方九

6.005　甌瓿謂之瓵(yí)。

瓿甊,小甖,長沙謂之瓵。

瓿蒲口　瓵移

6.006　康瓠謂之甈(qì)。

瓠,壺也。賈誼曰"寶康瓠"是也。

瓠胡　甈契

6.007　斫屬謂之定(dìng)。

鋤屬。

斫衝　屬丁録　定多佞

6.008　斫謂之鐯(zhuó)。

钁也。

鐯張略

6.009　斪謂之鏬(chā)。

皆古鍬、鍤字。

斪鍬　鏬插

6.010　緵罟謂之九罭(jiǔyù)。九罭,魚罔也。

今之百囊罟是,亦謂之𦊙,今江東呼爲緵。

緵子弄　罭域

6.011　嫠婦之笱謂之罶(liǔ)。

《毛詩傳》曰:"罶,曲梁也。"謂以簿爲魚笱。

嫠離　笱狗

6.012　罺謂之汕(shàn)。

今之橑罟。

罺嘲　汕所諫

6.013　篧謂之罩(zhào)。

捕魚籠也。

篧士角

6.014　橬謂之澬(qián)。

今之作橬者,聚積柴木於水中,魚得寒,入其裏藏隱,因以
簿圍捕取之[1]。

---

[1]　簿,《爾雅義疏》作"薄"。

椮桑感

6.015　鳥罟謂之羅(luó)。

謂羅絡之。

6.016　兔罟謂之罝(jū)。

罝,猶遮也,見《詩》。

罝嗟

6.017　麋罟謂之罞(máo)。

冒其頭也。

罞茅

6.018　彘罟謂之羉(luán)。

羉,幕也。

彘滯　羉鸞

6.019　魚罟謂之眾(gū)。

最大罟也。今江東云。

眾孤

6.020　繴謂之罿(chōng)。罿,罬也。罬謂之罦(fú)。罦,覆車也。

今之翻車也,有兩轅,中施罥以捕鳥。展轉相解,廣異語。

繴壁　罿衝　罬拙　罦浮

6.021　絇謂之救(jiù)。

救絲以爲絇。或曰亦罥名。

絇其俱

6.022　律謂之分(fèn)。

律管可以分氣。

分粉

6.023　大版謂之業(yè)。

築牆版也。

6.024　繩之謂之縮(suō)之。

縮者,約束之,《詩》曰:"縮版以載。"

6.025　彝(yí)、卣(yǒu)、罍(léi),器也。

皆盛酒尊。彝,其總名。

卣由

6.026　小罍謂之坎(kǎn)。

罍形似壺,大者受一斛。

6.027　衣裗謂之䄏(ní)。

衣縷也。齊人謂之攣。或曰袿衣之飾。

裗流　䄏倪

6.028　黼領謂之襮(bó)。

繡刺黼文以褗領。

襮博

6.029　緣謂之純(zhǔn)。

衣緣飾也。

緣䋌絹　純之閏

6.030　袺謂之襏(yīng)。

衣開孔也。

祅穴　袈譻

6.031　衣眥謂之襟(jīn)。

交領。

眥才細

6.032　袚謂之裾(jū)。

衣後裾也[1]。

袚去力

6.033　衿謂之裾(jiàn)。

衣小帶。

裾賤

6.034　佩衿謂之褑(yuàn)。

佩玉之帶上屬。

褑院

6.035　執衽謂之袺(jié)。

持衣上衽。

衽稔　袺結

6.036　扱衽謂之襭(xié)。

扱衣上衽於帶。

扱插

---

[1]　裾，《爾雅義疏》同，阮校本作"襟"。

6.037　衣蔽前謂之襜(chān)。

今蔽膝也。

襜昌占

6.038　婦人之褘謂之縭(lí)。縭,緌也。

即今之香纓也,褘邪交落帶繫於體[1],因名爲褘。緌,繫也。

褘暉　縭离　緌汝誰

6.039　裳削幅謂之纀(pú)。

削殺其幅,深衣之裳。

纀卜

6.040　輿革前謂之鞎(hén),以韋靶車軾。後謂之笰(fú)。

以韋靶後戶。

6.041　竹前謂之禦(yù),以簟衣軾。後謂之蔽(bì)。以簟衣後戶。

6.042　環謂之捐(juān)。

箸車衆環。

捐囚絹

6.043　鑣謂之钀(niè)。

馬勒旁鐵。

鑣表驕　钀魚列

6.044　載轡謂之轙(yǐ)。

_____

[1] 褘,阮元認爲乃衍字。落,或作“絡”。

車軏上環，轡所貫也。

轙儀

6.045 轡首謂之革(gé)。

轡，靻勒，見《詩》。

6.046 餀謂之餯(huì)。

説物臭也。

餀呼蓋　餯許穢

6.047 食饐謂之餲(ài)。

飯饐臭，見《論語》。

饐意　餲隘

6.048 摶者謂之糷(làn)。

飯相著。

糷䦨輦

6.049 米者謂之檗(bò)。

飯中有腥。

檗柏

6.050 肉謂之敗(bài)。臭壞。魚謂之餒(něi)。肉爛。

餒奴罪

6.051 肉曰脱(tuō)之，剝其皮也，今江東呼麋鹿之屬通爲肉。魚曰斮(zhuó)之。謂削鱗也。

斮莊略

6.052 冰(níng)，脂也。

《莊子》云：“肌膚若冰雪。”冰雪，脂膏也。

6.053　肉謂之羮(gēng)。

肉臛也。《廣雅》曰“涪”。見《左傳》。

6.054　魚謂之鮨(qí)。

鮨，鮓屬也，見《公食大夫禮》。

鮨祁

6.055　肉謂之醢(hǎi)。

肉醬。

醢海

6.056　有骨者謂之臡(ní)。

雜骨醬，見《周禮》。

臡泥

6.057　康謂之蠱(gǔ)。

米皮。

6.058　澱謂之垽(yìn)。

滓澱也①，今江東呼垽。

垽魚靳

6.059　鼎絕大謂之鼐(nài)。

最大者。

鼐耐

---

① 滓澱也，阮元認爲當作“澱滓也”。

6.060　圜弇上謂之鼒(zī)。

鼎斂上而小口。

圜袁　鼒咨

6.061　附耳外謂之釴(yì)。

鼎耳在表。

釴亦

6.062　款足者謂之鬲(lì)。

鼎曲腳也。

款苦管　鬲力

6.063　䰞謂之鬵(qín)。《詩》曰："溉之釜鬵。"鬵,䰞也。涼州呼䰞。

鬵尋　䰞侈

6.064　璲(suì),瑞也。

《詩》曰："鞙鞙佩璲。"璲者,玉瑞。

璲遂

6.065　玉十謂之區(qū)。

雙玉曰瑴,五瑴為區。

區羌于

6.066　羽本謂之翮(hé)。

鳥羽根也。

翮戶革

6.067　一羽謂之箴(zhēn),十羽謂之縛(zhuàn),百羽謂之緄(gǔn)。

別羽數多少之名。

縛篆　緷袞

6.068　木謂之虡(jù)。

縣鐘磬之木,植者名虡。

虡巨

6.069　旄謂之龏(bēi)。

旄牛尾也。

龏卑

6.070　菜謂之蔌(sù)。

蔌者,菜茹之總名。見《詩》。

蔌速

6.071　白蓋謂之苫(shàn)。

白茅苫也。今江東呼爲蓋。

苫合

6.072　黃金謂之璗(dàng),其美者謂之鏐(liú)。白金謂之銀(yín),其美者謂之鐐(liáo)。

此皆道金銀之別名及精者,鏐,即紫磨金。

璗蕩　鏐留　鐐遼

6.073　鉼金謂之鈑(bǎn)。

《周禮》曰"祭五帝即供金鈑"是也。

鉼餅　鈑扳

6.074　錫謂之鈏(yǐn)。

白鑞。

鈠引

6.075　象謂之鵠(hú)，角謂之觷(yuè/xué)，犀謂之剒(cuò)，木謂之劇(duó)，玉謂之雕(diāo)。

《左傳》曰："山有木，工則劇之。"五者皆治樸之名。

鵠斛　觷嶽　剒錯　劇鐸

6.076　金謂之鏤(lòu)，木謂之刻(kè)，骨謂之切(qiē)，象謂之磋(cuō)，玉謂之琢(zhuó)，石謂之磨(mó)。

六者皆治器之名。

6.077　璆(qiú)、琳(lín)，玉也。

璆、琳，美玉名。

璆求

6.078　簡謂之畢(bì)。

今簡札也。

6.079　不律謂之筆(bǐ)。

蜀人呼筆爲不律也，語之變轉。

6.080　滅謂之點(diǎn)。

以筆滅字爲點。

6.081　絕澤謂之銑(xiǎn)。

銑即美金，言最有光澤也。《國語》曰"玦之以金銑者"，謂此也。

銑蘇典

6.082　金鏃翦羽謂之鍭(hóu)。

今之錍箭是也。

鏃作木

6.083　骨鏃不翦羽謂之志(zhì)。

今之骨骲是也。

6.084　弓有緣者謂之弓(gōng)，緣者繳纏之，即今宛轉也。

無緣者謂之弭(mǐ)。今之角弓也，《左傳》曰："左執鞭弭。"

緣掾　弭尾

6.085　以金者謂之銑(xiǎn)，以蜃者謂之珧(yáo)，以玉者謂之珪(guī)。

用金、蜃、玉飾弓兩頭，因取其類以爲名。珧，小蚌。

蜃腎　珧姚

6.086　珪大尺二寸謂之玠(jiè)。

《詩》曰："錫爾玠珪。"

6.087　璋大八寸謂之琡(chù)。

璋，半珪也。

琡俶

6.088　璧大六寸謂之瑄(xuān)。

《漢書》所云"瑄玉"是也。

6.089　肉倍好謂之璧(bì)。

肉，邊。好，孔。

好耗

6.090 好倍肉謂之瑗(yuàn)。

孔大而邊小。

瑗院

6.091 肉好若一謂之環(huán)。

孔邊適等。

6.092 繸(suì),綬也。

即佩玉之組,所以連繫瑞玉者,因通謂之繸。

6.093 一染謂之縓(quán),今之紅也。再染謂之䞓(chēng),
淺赤。三染謂之纁(xūn)。纁,絳也。

縓綟繎 䞓䞓呈 纁勳

6.094 青謂之蔥(cōng)。

淺青。

6.095 黑謂之黝(yǒu)。

黝,黑貌,《周禮》曰:"陰祀用黝牲。"

黝於糾

6.096 斧謂之黼(fǔ)。

黼文畫斧形,因名云。

6.097 邸謂之柢(dǐ)。

根柢,皆物之邸。邸即底,通語也。

邸氐

6.098 雕謂之琢(zhuó)。

治玉名也。

6.099 蓐謂之茲(zī)。

《公羊傳》曰:"屬負茲。"茲者,蓐席也。

蓐辱

6.100 竿謂之箷(yí)。

衣架。

箷移

6.101 簣謂之第(zǐ)。

牀版。

第側士

6.102 革中絕謂之辨(piàn)。

中斷皮也。

辨片

6.103 革中辨謂之韏(quàn)。

復分半也。

韏眷

6.104 鏤(lòu),鋄也。

刻鏤物爲鋄。

鋄蘇妻

6.105 卣(yǒu),中尊也。

不大不小者。

卣酉

釋樂第七

7.001 宮謂之重(zhòng)，商謂之敏(mǐn)，角謂之經(jīng)，徵謂之迭(dié)，羽謂之柳(liǔ)。
皆五音之別名，其義未詳。
徵知矢

7.002 大瑟謂之灑(sǎ)。
長八尺一寸，廣一尺八寸，二十七絃。
灑所蟹

7.003 大琴謂之離(lí)。
或曰：琴大者二十七絃。未詳長短。《廣雅》曰："琴長三尺六寸六分，五絃。"

7.004 大鼓謂之鼖(fén)，鼖長八尺。小者謂之應(yìng)。
《詩》曰："應棟縣鼓。"在大鼓側。
鼖墳　應膺

7.005 大磬謂之馨(xiāo)。
馨形似犁錧，以玉石爲之。
馨虛嬌

7.006 大笙謂之巢(cháo)，列管瓠中，施簧管端，大者十九簧。小者謂之和(hé)。十三簧者，《鄉射記》曰："三笙一和而成聲。"①

---

① 笙，《爾雅義疏》同，阮校本作"簧"。

7.007　大箋謂之沂(yín)。

篋,以竹爲之,長尺四寸,圍三寸,一孔,上出一寸三分,名翹,橫吹之。小者尺二寸。《廣雅》云:"八孔。"

篋池　沂銀

7.008　大塤謂之㘫(jiào)。

塤,燒土爲之,大如鵝子,銳上,平底,形如稱錘,六孔。小者如雞子。

塤喧　㘫叫

7.009　大鐘謂之鏞(yōng),《書》曰:"笙鏞以間。"亦名鏄,音博。其中謂之剽(piáo),小者謂之棧(zhǎn)。

剽瓢　棧盞

7.010　大簫謂之言(yán),編二十三管,長尺四寸。小者謂之筊(jiǎo)。十六管,長尺二寸。簫,一名籟。

筊爻

7.011　大管謂之簥(jiāo),管長尺,圍寸,併漆之,有底。賈氏以爲如篋,六孔。其中謂之篞(niè),小者謂之篎(miǎo)。

簥嬌　篞乃結　篎妙

7.012　大籥謂之産(chǎn),籥如笛,三孔而短小。《廣雅》云:"七孔。"其中謂之仲(zhòng),小者謂之箹(yuē)。

籥藥　箹渥

7.013　徒鼓瑟謂之步(bù)。

獨作之。

7.014　徒吹謂之和(hè)。

吹昌睡　和胡卧

7.015　徒歌謂之謠(yáo)。

《詩》云："我歌且謠。"

7.016　徒擊鼓謂之咢(è)。

《詩》云："或歌或咢。"

咢五各

7.017　徒鼓鐘謂之修(xiū)。徒鼓磬謂之寋(jiǎn)。

未見義所出。

寋紀展

7.018　所以鼓柷謂之止(zhǐ)。

柷如漆桶，方二尺四寸，深一尺八寸，中有椎柄，連底，桐
之①，令左右擊，止者其椎名。

柷昌孰

7.019　所以鼓敔謂之籈(zhēn)。

敔如伏虎，背上有二十七鉏鋙，刻以木，長尺，櫟之②。籈者
其名。

敔語　籈真

7.020　大篪謂之麻(má)，小者謂之料(liáo)。

麻者，音概而長也。料者，聲清而不亂。

篪桃　料聊

7.021　和樂謂之節(jié)。

---

①　桐，阮元認爲當作"挏"。

②　櫟，阮元認爲當作"擽"。

釋天第八

8.001　穹蒼(qióngcāng)，蒼天也。

天形穹隆，其色蒼蒼，因名云。

8.002　春爲蒼天(cāngtiān)。

萬物蒼蒼然生。

8.003　夏爲昊天(hàotiān)。

言氣皓旰。

8.004　秋爲旻天(míntiān)。

旻，猶愍也，愍萬物彫落。

8.005　冬爲上天(shàngtiān)。

言時無事，在上臨下而已。

——8.（1）**四時**(sìshí)

8.006　春爲青陽(qīngyáng)。

氣青而温陽。

8.007　夏爲朱明(zhūmíng)。

氣赤而光明。

8.008　秋爲白藏(báicáng)。

氣白而收藏。

8.009　冬爲玄英(xuányīng)。

氣黑而清英。

8.010　四氣和謂之玉燭(yùzhú)。

道光照。

8.011　春爲發生(fāshēng)，夏爲長嬴(zhǎngyíng)，秋爲收
成(shōuchéng)，冬爲安寧(ānníng)。

此亦四時之別號，《尸子》皆以爲太平祥風。

長丁丈　嬴盈

8.012　四時和爲通正(tōngzhèng)，道平暢也①。謂之景風
(jǐngfēng)。所以致景風。

8.013　甘雨時降，萬物以嘉，莫不善之。謂之醴泉(lǐquán)。

所以出醴泉。

——8.(2)祥(xiáng)

8.014　穀不熟爲饑(jī)。

五穀不成。

8.015　蔬不熟爲饉(jǐn)。

凡草菜可食者，通名爲蔬。

8.016　果不熟爲荒(huāng)。

果，木子。

8.017　仍饑爲荐(jiàn)。

_____

① 道，阮校本作“通”。

連歲不熟,《左傳》曰:"今又荐饑。"

荐賤

——8.（3）災(zāi)

8.018　太歲在甲曰閼逢(yānpéng),在乙曰旃蒙(zhānméng),
在丙曰柔兆(róuzhào),在丁曰强圉(qiángyǔ),在戊
曰著雍(chúyōng),在己曰屠維(túwéi),在庚曰上章
(shàngzhāng),在辛曰重光(chóngguāng),在壬曰玄黓
(xuányì),在癸曰昭陽(zhāoyáng)。

閼烏割　著直略　重直龍　黓亦

——8.（4）歲陽(suìyáng)

8.019　太歲在寅曰攝提格(shètígé),在卯曰單閼(chányè),
在辰曰執徐(zhíxú),在巳曰大荒落(dàhuāngluò),在
午曰敦牂(dūnzāng),在未曰協洽(xiéqià),在申曰涒灘
(tūntān),在酉曰作噩(zuòè),在戌曰閹茂(yānmào),在
亥曰大淵獻(dàyuānxiàn),在子曰困敦(kùndùn),在丑
曰赤奮若(chìfènruò)。

牂臧　洽峽　涒湯昆　噩五各　閹掩　敦頓

8.020　載(zǎi),歲也。

8.021　夏曰歲(suì)。

取歲星行一次。

8.022　商曰祀(sì)。

取四時一終。

8.023　周曰年(nián)。

取禾一熟。

8.024　唐虞曰載(zǎi)。

取物終更始。

——8.(5)**歲名**(suìmíng)

8.025　月在甲曰畢(bì)，在乙曰橘(jú)，在丙曰修(xiū)，在丁曰圉(yǔ)，在戊曰厲(lì)，在巳曰則(zé)，在庚曰窒(zhì)，在辛曰塞(sè)，在壬曰終(zhōng)，在癸曰極(jí)。

窒知乙　塞先北

——8.(6)**月陽**(yuèyáng)

8.026　正月爲陬(zōu)。《離騷》云：“攝提貞於孟陬。”二月爲如(rú)，三月爲寎(bǐng)，四月爲余(yú)，五月爲皋(gāo)，六月爲且(jū)，七月爲相(xiàng)，八月爲壯(zhuàng)，九月爲玄(xuán)，《國語》云“至於玄月”是也。十月爲陽(yáng)，純陰用事，嫌於無陽，故以名云。十一月爲辜(gū)，十二月爲涂(tú)。皆月之別名，自歲陽至此，其事義皆所未詳通者，故闕而不論。

陬側留　寎孚柄　且子余　相息亮　涂徒

——8.(7)**月名**(yuèmíng)

8.027　南風謂之凱風(kǎifēng)。《詩》曰：“凱風自南。”東風謂之谷風(gǔfēng)。《詩》云：“習習谷風。”北風謂之涼風(liángfēng)。《詩》云：“北風其涼。”西風謂之泰風

(tàifēng)。《詩》云：“泰風有隧。”

凱口改

8.028　焚輪謂之穨(tuí)。

暴風從上下。

穨徒回

8.029　扶搖謂之猋(biāo)。

暴風從下上。

猋必遙

8.030　風與火爲庉(tún)。

庉庉，熾盛之貌。

庉徒衮

8.031　迴風爲飄(piāo)。

旋風也。

飄瓢

8.032　日出而風爲暴(bào)。

《詩》云：“終風且暴。”

8.033　風而雨土爲霾(mái)。

《詩》曰：“終風且霾。”

雨芋

8.034　陰而風爲曀(yì)。

《詩》曰：“終風且曀。”

曀於計

8.035　天氣下,地不應曰雺(méng)。

言蒙昧。

應麑　雺蒙

8.036　地氣發,天不應曰霧(wù)。霧謂之晦(huì)。

言晦冥。

8.037　螮蝀謂之雩(yù)。螮蝀(dìdōng),虹也。

俗名爲美人虹,江東呼雩音芌。

螮帝　蝀丁孔　雩于句

8.038　蜺爲挈貳(qièèr)。

蜺,雌虹也,見《離騷》。挈貳,其別名,見《尸子》。

挈苦結

8.039　弇日爲蔽雲(bìyún)。

即暈氣,五彩覆日也。

弇掩

8.040　疾雷爲霆霓(tíngní)[1]。

雷之急激者謂霹靂。

霆廷　霓倪

8.041　雨霓爲霄雪(xiāoxuě)。

《詩》曰:"如彼雨雪,先集維霰。"霰,水雪雜下者,故謂之
消雪。

霰酥練

---

[1]《爾雅義疏》認爲"霓"字衍。

8.042 暴雨謂之涷(dōng)。

今江東呼夏月暴雨爲涷雨,《離騷》云:"令飄風兮先驅,使涷雨兮灑塵。"是也。涷,音東西之東。

涷東

8.043 小雨謂之霢霂(màimù)。

《詩》曰:"益之以霢霂。"

霢麥　霂木

8.044 久雨謂之淫(yín)。

《左傳》曰:"天作淫雨。"

8.045 淫謂之霖(lín)。

雨自三日已上爲霖。

霖林

8.046 濟謂之霽(jì)。

今南陽人呼雨止爲霽,音薺。

濟祖細　霽徂計

——8.(8)風雨(fēngyǔ)

8.047 壽星(shòuxīng),角、亢也。

數起角、亢,列宿之長,故曰壽。

亢剛

8.048 天根(tiāngēn),氐也。

角、亢下繫於氐,若木之有根。

氐低

8.049　天駟(tiānsì)，房也。

龍爲天馬，故房四星謂之天駟。

8.050　大辰(dàchén)，房、心、尾也。

龍星明者以爲時候，故曰大辰。

8.051　大火謂之大辰(dàchén)。

大火，心也，在中最明，故時候主焉。

8.052　析木謂之津(jīn)。

即漢津也。

析惜

8.053　箕、斗之間，漢津(hànjīn)也。

箕，龍尾。斗，南斗，天漢之津梁。

8.054　星紀(xīngjì)，斗、牽牛也。

牽牛、斗者，日月五星之所終始，故謂之星紀。

8.055　玄枵(xuánxiāo)，虛也。

虛在正北，北方色黑。枵之言耗，耗亦虛意。

枵許嬌

8.056　顓頊之虛(zhuānxūzhīxū)，虛也。

顓頊水德，位在北方。

顓專　頊旭　虛墟

8.057　北陸(běilù)，虛也。

虛星之名凡四。

8.058　營室謂之定(dìng)。

定,正也,作宫室皆以營室中爲正。

定多佞

8.059　娵觜之口(jūzīzhīkǒu),營室、東壁也。

營室、東壁星四方似口,因名云。

娵子瑜　觜咨

8.060　降婁(xiànglóu),奎、婁也。

奎爲溝瀆,故名降。

降胡江

8.061　大梁(dàliáng),昴也。西陸(xīlù),昴也。

昴,西方之宿,別名旄頭。

8.062　濁謂之畢(bì)。

掩兔之畢,或呼爲濁,因星形以名。

8.063　咮謂之柳(liǔ)。

咮,朱鳥之口。

咮渚究

8.064　柳(liǔ),鶉火也。

鶉,鳥名,火屬南方。

8.065　北極謂之北辰(běichén)。

北極,天之中,以正四時。

8.066　何鼓謂之牽牛(qiānniú)。

今荊楚人呼牽牛星爲檐鼓。檐者,荷也。

何胡可

8.067　明星謂之启明(qǐmíng)。
　　太白星也,晨見東方爲启明,昏見西方爲太白。
　　启啟

8.068　彗星爲欃槍(chánchēng)。
　　亦謂之孛,言其形孛孛似埽彗。
　　欃初銜　　槍初庚

8.069　奔星爲彴約(bóyuē)。
　　流星。
　　彴蒲握　　衫藥
——8.(9)**星名**(xīngmíng)

8.070　春祭曰祠(cí),祠之言食。夏祭曰礿(yuè),新菜可
　　礿。秋祭曰嘗(cháng),嘗新穀。冬祭曰烝(zhēng)[1]。進
　　品物也。

8.071　祭天曰燔柴(fánchái),既祭,積薪燒之。祭地曰瘞
　　薶(yìmái)。既祭,埋藏之。
　　燔煩

8.072　祭山曰庪縣(guǐxuán),或庪或縣,置之於山。《山海
　　經》曰:"縣以吉玉。"是也。祭川曰浮沈(fúchén)。投祭
　　水中,或浮或沈。

---

① 烝,《爾雅義疏》作"烝"。

庪居委　縣玄

8.073 祭星曰布(bù)，布散祭於地。祭風曰磔(zhé)。今俗
當大道中磔狗，云以止風，此其象。

磔責

8.074 是禷是禡(shì lèi shì mà)，師祭也。
師出征伐，類於上帝，禡於所征之地。

禷類　禡罵

8.075 既伯既禱(jì bó jì dǎo)，馬祭也。
伯，祭馬祖也。將用馬力，必先祭其先。

8.076 禘(dì)，大祭也。
五年一大祭。

禘大計

8.077 繹(yì)，又祭也。
祭之明日，尋繹復祭。

8.078 周曰繹(yì)，《春秋經》曰："壬午猶繹。"商曰肜
(róng)，《書》曰："高宗肜日。"夏曰復胙(fù zuò)。未見義
所出。

肜容　胙昨
——8.（10）**祭名**(jì míng)

8.079 春獵爲蒐(sōu)，搜索，取不任者。夏獵爲苗(miáo)，
爲苗稼除害。秋獵爲獮(xiǎn)，順殺氣也。冬獵爲狩
(shòu)。得獸取之無所擇。

蒐搜　獵息淺　狩手又

8.080　宵田爲獠(liáo)，《管子》曰："獠獵畢弋。"今江東亦呼
獵爲獠，音遼。或曰：即今夜獵載鑪照也。火田爲狩(shòu)。
放火燒草獵，亦爲狩。

獠遼

8.081　乃立冢土(nǎilìzhǒngtǔ)，戎醜攸行(róngchǒuyōuxíng)。
冢土，大社。戎醜，大衆。

8.082　起大事，動大衆，必先有事乎社而後出，謂之宜
(yí)。
有事祭也，《周官》所謂"宜乎社"。

8.083　振旅闐闐(zhènlǚtiántián)，振旅，整衆。闐闐，群行聲。
出爲治兵，尚威武也。幼賤在前，貴勇力。入爲振旅，
反尊卑也。尊老在前，復常儀也。

闐田

——8.（11）講武(jiǎngwǔ)

8.084　素錦綢杠(sùjǐntāogāng)，以白地錦韜旗之竿。纁帛
縿(xūnbóshān)，纁，帛絳也。縿，衆旒所著。素陞龍于
縿(sùshēnglóngyúshān)，畫白龍於縿，令上向。練旒九
(liànliújiǔ)，練，絳練也。飾以組(shìyǐzǔ)，用綦組飾旒之
邊。維以縷(wéiyǐlǚ)。用朱縷維連持之，不欲令曳地，《周
禮》曰"六人維王之太常"是也。

綢叨　杠江　纁動　縿杉

8.085　緇廣充幅長尋曰旐(zhào)。帛全幅長八尺。繼旐
曰斾(pèi)。帛續旐末爲燕尾者,義見《詩》。

廣土曠　長直亮　旐兆　斾佩

8.086　注旄首曰旌(jīng)。

載旄於竿頭,如今之幢,亦有旒。

旄毛

8.087　有鈴曰旂(qí)。

縣鈴於竿頭,畫蛟龍於旒[1]。

8.088　錯革鳥曰旟(yú)。

此謂合剥鳥皮毛,置之竿頭,即《禮記》云載鴻及鳴鳶。

旟餘

8.089　因章曰旃(zhān)。

以帛練爲旒,因其文章,不復畫之。《周禮》云:“通帛爲旃。”

——8.(12)旌旂(jīngqí)

---

① 蛟,阮元認爲當作“交”。

釋地第九

9.001　兩河閒曰冀州(jìzhōu)。

自東河至西河。

9.002　河南曰豫州(yùzhōu)。

自南河至漢。

9.003　河西曰雝州(yōngzhōu)。

自西河至黑水。

雝於用

9.004　漢南曰荆州(jīngzhōu)。

自漢南至衡山之陽。

9.005　江南曰楊州(yángzhōu)。

自江南至海。

9.006　濟、河閒曰兗州(yǎnzhōu)。

自河東至濟。

濟子礼

9.007　濟東曰徐州(xúzhōu)。

自濟東至海。

9.008　燕曰幽州(yōuzhōu)。

自易水至北狄。

9.009　齊曰營州(yíngzhōu)。

自岱東至海,此蓋殷制。

——9.（1）九州（jiǔzhōu）

9.010　魯有大野（dàyě）。

今高平鉅野縣東北大澤是也。

9.011　晉有大陸（dàlù）。

今鉅鹿北廣河澤是也。

9.012　秦有楊陓（yángyū）。

今在扶風汧縣西。

陓於于

9.013　宋有孟諸（mèngzhū）。

今在梁國睢陽縣東北。

9.014　楚有雲夢（yúnmèng）。

今南郡華容縣東南巴丘湖是也。

9.015　吳越之間有具區（jùqū）。

今吳縣南太湖,即震澤是也。

9.016　齊有海隅（hǎiyú）。

海濱廣斥。

9.017　燕有昭余祁（zhāoyúqí）。

今太原鄔陵縣北九澤是也。

9.018　鄭有圃田（pǔtián）。

今滎陽中牟縣西圃田澤是也。

9.019 周有焦護(jiāohù)。

今扶風池陽縣瓠中是也。

—— 9.（2）十藪(shísǒu)

藪叟

9.020 東陵,阢(xìn)。南陵,息慎(xīshèn)。西陵,威夷(wēiyí)。
中陵,朱滕(zhūténg)。北陵,西隃鴈門(xīshùyànmén)
是也。即鴈門山也。

阢信　隃戍

9.021 陵莫大於加陵(jiālíng)。

今所在未聞。

9.022 梁莫大於溴梁(júliáng)①。

溴,水名。梁,隄也。

溴古壁

9.023 墳莫大於河墳(héfén)。

墳,大防。

—— 9.（3）八陵(bālíng)

9.024 東方之美者,有醫無閭之珣玗琪(xúnyúqí)焉。

醫無閭,山名,今在遼東。珣玗琪,玉屬。

珣荀　玗于

9.025 東南之美者,有會稽之竹箭(zhújiàn)焉。

---

① 溴,原譌作"溴"。注同。

會稽,山名,今在山陰縣南。竹箭,篠也。

會古外　稽古今

9.026　南方之美者,有梁山之犀象(xīxiàng)焉。

犀牛皮角,象牙骨。

9.027　西南之美者,有華山之金石(jīnshí)焉。

黃金、礝石之屬。

9.028　西方之美者,有霍山之多珠玉(zhūyù)焉。

霍山,今在平陽永安縣東北。珠,如今雜珠而精好。

9.029　西北之美者,有崑崙虛之璆琳琅玕(qiúlínlánggān)焉。

璆琳,美玉名。琅玕,狀似珠也,《山海經》曰:“崑崙山有琅玕樹。”

崙路昆　虛虛

9.030　北方之美者,有幽都之筋角(jīnjiǎo)焉。

幽都,山名。謂多野牛筋角。

9.031　東北之美者,有斥山之文皮(wénpí)焉[①]。

虎豹之屬,皮有縟綵者。

斥尺

9.032　中有岱岳,與其五穀魚鹽(wǔgǔyúyán)生焉。

言泰山有魚鹽之饒。

——9.（4）**九府**(jiǔfǔ)

---

① 斥,或寫作“庐”。

9.033　東方有比目魚(bǐmùyú)焉,不比不行,其名謂之鰈
(dié)。

　　狀似牛脾,鱗細,紫黑色,一眼,兩片相合乃得行。今水中
所在有之。江東又呼爲王餘魚。

　　鰈徒

9.034　南方有比翼鳥(bǐyìniǎo)焉,不比不飛,其名謂之
鶼鶼(jiānjiān)。

　　似鳬,青赤色,一目一翼,相得乃飛。

　　鶼兼

9.035　西方有比肩獸(bǐjiānshòu)焉,與邛邛岠虛比,爲
邛邛岠虛齧甘草;即有難,邛邛岠虛負而走,其名謂
之蟨(jué)。

　　《呂氏春秋》曰:"北方有獸,其名爲蟨,鼠前而兔後,趨則
頓,走則顛。"然則邛邛岠虛亦宜鼠後而兔前,前高不得取甘草,
故須蟨食之。今鴈門廣武縣夏屋山中有獸,形如兔而大,相負
共行,土俗名之爲蟨鼠,音厥。

　　邛巨凶　岠巨　齧五結　難乃旦　蟨厥

9.036　北方有比肩民(bǐjiānmín)焉,迭食而迭望。

　　此即半體之人,各有一鼻、一孔、一臂、一脚,亦猶魚鳥之相
合,更望備驚急。

　　迭徒結

9.037　中有枳首蛇(zhǐshǒushé)焉。

　　岐頭蛇也。或曰今江東呼兩頭蛇爲越王約髮,亦名弩絃。

　　枳居是

9. 038　此四方中國之異氣(yìqì)也。

——9.（5）五方(wǔfāng)

9. 039　邑外謂之郊(jiāo)。郊外謂之牧(mù)。牧外謂之
　　　野(yě)。野外謂之林(lín)。林外謂之坰(jiōng)。
　　　邑，國都也。假令百里之國，五十里之界，界各十里也。
　　　坰古螢

9. 040　下溼曰隰(xí)。大野曰平(píng)。廣平曰原(yuán)。
　　　高平曰陸(lù)。大陸曰阜(fù)。大阜曰陵(líng)。大陵
　　　曰阿(ē)。
　　　溼濕

9. 041　可食者曰原(yuán)。
　　　可種穀給食。

9. 042　陂者曰阪(bǎn)。
　　　阪陀不平①。
　　　陂披　阪反

9. 043　下者曰隰(xí)②。
　　　《公羊傳》曰:"下平曰隰。"

9. 044　田一歲曰菑(zī),今江東呼初耕地反草爲菑。二歲曰
　　　新田(xīn tián),《詩》曰:"于彼新田。"三歲曰畬(yú)。《易》
　　　曰:"不菑,畬。"

---

① 阪,阮校本作"陂"。
② 隰,原譌作"溼"。注不誤。

菌緇　奋餘

——9.（6）野(yě)

9.045　東至於泰遠,西至於邠國,南至於濮鉛,北至於祝
　　　　栗,謂之四極(sìjí)。
　　皆四方極遠之國。

邠彬　濮卜

9.046　觚竹、北戶、西王母、日下,謂之四荒(sìhuāng)。
　　觚竹在北,北戶在南,西王母在西,日下在東,皆四方昏荒
之國,次四極者。

觚孤

9.047　九夷、八狄、七戎、六蠻,謂之四海(sìhǎi)。
　　九夷在東,八狄在北,七戎在西,六蠻在南,次四荒者。

9.048　岠齊州以南戴日爲丹穴(dānxué)。
　　岠,去也。齊,中也。

9.049　北戴斗極爲空桐(kōngtóng)。
　　戴,值。

9.050　東至日所出爲太平(tàipíng)。西至日所入爲太蒙
　　　　(tàiméng)。
　　即蒙汜也。

9.051　太平之人仁,丹穴之人智,太蒙之人信,空桐之人武。
　　地氣使之然也。

——9.（7）四極(sìjí)

釋丘第十

10. 001　丘，一成爲敦丘(dūnqiū)，成猶重也，《周禮》曰：“爲
　　　　壇三成。”今江東呼地高堆者爲敦。再成爲陶丘(táoqiū)，
　　　　今濟陰定陶城中有陶丘。再成鋭上爲融丘(róngqiū)，鐵頂
　　　　者①。三成爲崑崙丘(kūnlúnqiū)。崑崙山三重，故以名云。

　　　　敦都昆　鋭惠

10. 002　如椉者，椉丘(chéngqiū)。
　　　　形似車椉也，或云：椉謂稻田塍埒。

　　　　椉繩正

10. 003　如陼者，陼丘(zhǔqiū)。
　　　　水中小洲爲陼。

　　　　陼渚

10. 004　水潦所止，泥丘(níqiū)。
　　　　頂上汙下者。

　　　　潦老

10. 005　方丘，胡丘(húqiū)。
　　　　形四方。

10. 006　絶高爲之京(jīng)。
　　　　人力所作。

---

①　鐵，阮校本作“纖”。

10.007　非人爲之丘(qiū)。

地自然生。

10.008　水潦所還,埒丘(lièqiū)。

謂丘邊有界埒,水繞環之。

10.009　上正,章丘(zhāngqiū)。

頂平。

10.010　澤中有丘,都丘(dūqiū)。

在池澤中。

10.011　當途,梧丘(wúqiū)。

途,道。

10.012　途出其右而還之,畫丘(huàqiū)。

言爲道所規畫。

還旋

10.013　途出其前,戴丘(dàiqiū)。

道出丘南。

10.014　途出其後,昌丘(chāngqiū)。

道出丘北。

10.015　水出其前,渻丘(shěngqiū)。水出其後,沮丘(jǔqiū)。水出其右,正丘(zhèngqiū)[①]。水出其左,營丘(yíngqiū)。

①　正,阮元據《釋名　釋丘》推測當作"止"。

今齊之營丘,淄水過其南及東。

消所景　沮辭與

10.016　如覆敦者,敦丘(dūnqiū)。

敦,盂也。

敦堆

10.017　邐迆,沙丘(shāqiū)。

旁行連延。

邐呂紙　迆余紙

10.018　左高,咸丘(xiánqiū)。右高,臨丘(línqiū)。前高,
　　　　旄丘(máoqiū)。《詩》云:"旄丘之葛兮。"後高,陵丘
　　　　(língqiū)。偏高,阿丘(ēqiū)。《詩》云:"陟彼阿丘。"

10.019　宛中,宛丘(wǎnqiū)。

宛謂中央隆高。

10.020　丘背有丘爲負丘(fùqiū)。

此解宛丘中央隆峻,狀如負一丘於背上。

10.021　左澤,定丘(dìngqiū)。右陵,泰丘(tàiqiū)。

宋有太丘社亡[1],見《史記》。

定丁佞

10.022　如畝,畝丘(mǔqiū)。

丘有壟界如田畝。

---

[1]　太,或作"泰、大"。亡,原譌作"云",《爾雅義疏》作"凵",《史記·六
　　國年表》有"宋太丘社亡",故改。

10.023　如陵,陵丘(língqiū)。
　　陵,大阜也。

10.024　丘上有丘爲宛丘(wǎnqiū)。
　　嫌人不了,故重曉之。

10.025　陳有宛丘(wǎnqiū)。今在陳郡陳縣。晉有潛丘
　　(qiánqiū)。今在太原晉陽縣。淮南有州黎丘(zhōulíqiū)。
　　今在壽春縣。

10.026　天下有名丘(míngqiū)五,其三在河南,其二在
　　河北。
　　説者多以州黎、宛、營爲河南,潛、敦爲河北者。案:此方稱
　　天下之名丘,恐此諸丘磈磈未足用當之,殆自別更有魁梧楙大
　　者五,但未詳其名號、今者所在耳。

──10.(1)丘(qiū)

10.027　望厓洒而高,岸(àn)。
　　厓,水邊。洒,謂深也。視厓峻而水深者曰岸。
　　厓牙　洒先典

10.028　夷上洒下,不漘(chún)。
　　厓上平坦而下水深者爲漘。不,發聲。
　　漘脣

10.029　隩(yù),隈(wēi)。今江東呼爲浦隩,《淮南子》曰:“漁
　　者不爭隈。”厓内爲隩,外爲隈[①]。別厓表裏之名。

──────────
① 隈,或認爲當作“鞫”。

隩奥　隈烏回

10.030　畢(bì),堂牆。

今終南山道名畢,其邊若堂之牆。

10.031　重厓,岸(àn)。

兩厓累者爲岸。

重直龍

10.032　岸上,滸(hǔ)。

岸上地。

滸虎

10.033　墳(fén),大防。

謂隄。

10.034　浟爲厓(yá)。

謂水邊。

浟似

10.035　窮瀆,氾(sì)。

水無所通者。

10.036　谷者,溦(méi)。

通於谷。

溦眉

——10.（2）厓岸(yáàn)

釋山第十一

11.001　　河南華(huà),華陰山。河西嶽(yuè),吴嶽。河東
　　　　岱(dài),岱宗,泰山。河北恒(héng),北嶽,恒山。江南
　　　　衡(héng)。衡山,南嶽。

11.002　　山三襲,陟(zhì)。襲亦重。再成,英(yīng)。兩山
　　　　相重。一成,坏(pī)。《書》曰:"至于太伾。"
　　　　坏備悲

11.003　　山大而高,崧(sōng)。今中嶽嵩高山,蓋依此名。
　　　　山小而高,岑(cén)。言岑崟。
　　　　崧嵩

11.004　　鋭而高,嶠(qiáo)。言鐵峻。卑┉┉,扈(hù)。扈,
　　　　廣貌。
　　　　嶠喬

11.005　　小而衆,巋(kuī)。
　　　　小山叢羅。
　　　　巋丘鬼

11.006　　小山岌大山,峘(huán)。
　　　　岌謂高過。
　　　　岌魚汲　峘桓

11.007　　屬者,嶧(yì)。言駱驛相連屬。獨者,蜀(shǔ)。蜀
　　　　亦孤獨。

屬爥　嶧亦

11.008　上正,章(zhāng)。山上平。宛中,隆(lóng)。山中
央高。

11.009　山脊,岡(gāng)。謂山長脊。未及上,翠微(cuìwēi)。
近上旁陂。

11.010　山頂,冢(zhǒng)。
山巔。

11.011　崒者,厜㕲(zuīwēi)。
謂山峰頭巉巖。
崒子恤　厜姊規　㕲危

11.012　山如堂者,密(mì);形似堂室者,《尸子》曰:"松柏之
鼠,不知堂密之有美樅。"如防者,盛(chéng)。防,隄。
盛成

11.013　巒(luán),山嶞。
謂山形長狹者,荆州謂之巒。《詩》曰:"嶞山喬嶽。"
嶞湯果

11.014　重甗,隒(yǎn)。
謂山形如累兩甗。甗,甑,山狀似之,因以名云。
重直龍　甗言　隒儼

11.015　左右有岸,厒(qiè)。
夾山有岸。
厒口闔

11.016　大山宮小山，霍(huò)。

宮謂圍繞之，《禮記》曰"君爲廬宮之"是也。

11.017　小山別大山，鮮(xiǎn)。

不相連。

別彼列　鮮息淺

11.018　山絶，陘(xíng)。

連山，中斷絶。

陘形

11.019　多小石，磝(áo)[①]**。多礓礫。多大石，礐(què)。多盤石。**

磝苦交　礐殻

11.020　多草木，岵(hù)。無草木，峐(gāi)。

皆見《詩》。

岵户　峐起

11.021　山上有水，埒(liè)。

有停泉。

11.022　夏有水，冬無水，澩(xué)。

有停潦。

澩學

11.023　山瀆無所通，谿(xī)。

────────────

① 磝，或作"磽"。《音釋》注苦交切。

所謂窮瀆者,雖無所通,與水注川同名。

瀆讀

11.024 石戴土謂之崔嵬(cuīwéi),石山上有土者。土戴石爲砠(jū)。土山上有石者。

崔徂回 嵬五回 砠七余

11.025 山夾水,澗(jiàn)。陵夾水,漃(yú)。

別山陵間水者之名。

漃虞

11.026 山有穴爲岫(xiù)。

謂巖穴。

11.027 山西曰夕陽(xīyáng),暮乃見日。山東曰朝陽(zhāoyáng)。旦即見日。

11.028 泰山爲東嶽(dōngyuè),華山爲西嶽(xīyuè),霍山爲南嶽(nányuè),即天柱山,潛水所出。恒山爲北嶽(běiyuè),常山。嵩高爲中嶽(zhōngyuè)。大室山也。

11.029 梁山(liángshān),晉望也。

晉國所望祭者,今在馮翊夏陽縣西北臨河上。

釋水第十二

12.001　泉一見一否爲瀸(jiān)。

瀸，纔有貌。

見現　否卑美　瀸纖

12.002　井一有水一無水爲瀱汋(jìzhuó)。

《山海經》曰:"天井夏有水，冬無水。"即此類也。

瀱計　汋仕捉

12.003　濫泉(jiànquán)正出。正出，涌出也。

《公羊傳》曰:"直出。"直猶正也。

12.004　沃泉(wòquán)縣出。縣出，下出也。

從上溜下。

縣玄

12.005　氿泉(guǐquán)穴出。穴出，仄出也。

從旁出也。

氿軌　仄側

12.006　溪闢(guǐpì)，流川。

通流。

溪揆

12.007　過辨(guōpiàn)，回川。

旋流。

過古禾　辨片

12.008　灉(yōng)，反入。

即河水決出復還入者。河之有灉，猶江之有沱。

灉於用

12.009　潬(dàn)，沙出。

今江東呼水中沙堆爲潬，音但。

潬但

12.010　汧(qiān)，出不流。

水泉潛出，便自停成汙池。

汧牽

12.011　歸異出同流，肥(féi)。

《毛詩傳》曰："所出同，所歸異爲肥。"

12.012　瀵(fèn)，大出尾下。

今河東汾陰縣有水，口如車輪許，瀵沸涌出，其深無限，名
之爲瀵。馮翊郃陽縣復有瀵，亦如之。相去數里而夾河，河中
陼上又有一瀵，瀵源皆潛相通。在汾陰者，人壅其流以爲陂，種
稻，呼其本所出處爲瀵魁，此是也。尾猶底也。

瀵糞

12.013　水醮曰厬(guǐ)。

謂水醮盡。

厬軌

12.014　水自河出爲灉(yōng)，《書》曰："灉沮會同。"濟
　　　　爲濋(chǔ)，汶爲瀾(chǎn)，洛爲波(bō)，漢爲潛(qián)，
　　　　《書》曰："沱潛既道。"淮爲滸(hǔ)，江爲沱(tuó)，《書》曰：

"岷山導江,東別爲沱。"過爲洵(xún),潁爲沙(shā),汝爲濆(fén)。《詩》曰:"遵彼汝濆。"皆大水溢出,別爲小水之名。

澬楚　汶問　瀾闌　沱陀　過烏禾　潁餘項　濆墳

12.015　水決之澤爲汧(qiān),水決入澤中者,亦名爲汧。決復入爲汜(sì)。水出去復還。

12.016　"河水清且瀾漪"①,大波爲瀾(lán),言渙瀾。小波爲淪(lún),言蘊淪。直波爲徑(jìng)②。有徑涏③。

瀾爛　漪衣

12.017　江有沱(tuó),河有灉(yōng),汝有濆(fén)。
此故上水別出耳,所作者重見。

12.018　滸(hǔ),水厓。
水邊地。

12.019　水草交爲湄(méi)。
《詩》曰:"居河之湄。"
湄眉

12.020　"濟有深涉,渭濟渡之處。深則厲,淺則揭。"揭者,揭衣也。謂褰裳也。以衣涉水爲厲(lì),衣謂禪。繇膝以下爲揭(jiē),繇膝以上爲涉(shè),繇帶以上爲厲(lì)。

---

① 瀾,《爾雅義疏》作"瀾"。
② 徑,阮元認爲當作"涇"。
③ 有,《爾雅義疏》作"言"。依例當是。涏,《爾雅義疏》作"㴧"。

繇,自也。

濟子細　揭上二字音憩,下丘竭　繇由　上時掌

12.021　潛行爲泳(yǒng)。

水底行也,《晏子春秋》曰:"潛行,逆流百步,順流七里。"

12.022　"汎汎楊舟,紼纚維之。"紼(fú),繂也。繂,索。纚
(lí),緌也。緌,繫。

緋弗　纚离　繂律

12.023　天子造舟(zàozhōu),比舩爲橋。諸侯維舟
(wéizhōu),維連四舩。大夫方舟(zhōu),併兩舩。士特
舟(tèzhōu),單舩。庶人乘泭(fú)。併木以渡。

造七到　泭桴

12.024　水注川曰谿(xī),注谿曰谷(gǔ),注谷曰溝(gōu),
注溝曰澮(kuài),注澮曰瀆(dú)。

此皆道水轉相灌注所入之處名。

澮古外

12.025　逆流而上曰泝洄(sùhuí),順流而下曰泝游
(sùyóu)。

皆見《詩》。

泝素

12.026　正絶流曰亂(luàn)。

直橫渡也,《書》曰:"亂于河。"

12.027　江、河、淮、濟爲四瀆(sìdú)。四瀆者,發原注海

者也。

——12.（1）水泉(shuǐquán)

12.028　水中可居者曰洲(zhōu)，小洲曰陼(zhǔ)，小陼曰
沚(zhǐ)，小沚曰坻(chí)。人所爲爲潏(shù)。

人力所作。

陼渚　坻池　潏述

——12.（2）水中(shuǐzhōng)

12.029　河(hé)出崐崘虛，色白。《山海經》曰："河出崐崘西
北隅。"虛，山下基也。所渠并千七百，一川色黃。潛流
地中，泪漱沙壤，所受渠多，衆水溷淆，宜其濁黃。百里一
小曲，千里一曲一直。《公羊傳》曰："河曲流，河千里一
曲一直。"

虛墟

——12.（3）河曲(héqū)

12.030　徒駭(túhài)、今在成平縣，義所未聞。太史(tàishǐ)、
今所在未詳。馬頰(mǎjiá)、河上廣下狹，狀如馬頰。覆
鬴(fùfǔ)、水中可居，往往而有，狀如覆釜。胡蘇(húsū)、
東莞縣今有胡蘇亭[①]，其義未詳。簡(jiǎn)、水道簡易。絜
(xié)、水多約絜。鉤盤(gōupán)、水曲如鉤流盤桓也。鬲
津(géjīn)。水多阨狹，可隔以爲津而橫渡。

駭諧楷　頰劫　覆扶服　鬴父　鬲革

———————————

① 莞，或作"光、筦"。

——12.（4）**九河**(jiǔhé)

從《釋地》已下至九河，皆禹所名也。

爾雅卷中　　經三千五百六十四字，注四千三百二十二字

爾雅卷下

釋草第十三　釋木第十四　釋蟲第十五

釋魚第十六　釋鳥第十七　釋獸第十八

釋畜第十九

釋草第十三

13.001　䔰(yù),山韭。

　　䔰育　韭九

13.002　茖(gé),山葱。

　　茖革　葱悆

13.003　䪏(qíng),山䪂。

　　䪏巨盈　䪂蓶

13.004　蒚(lì),山蒜。

　　今山中多有此菜,皆如人家所種者。茖、葱,細莖大葉。

　　蒚力

13.005　薜(bò),山蘄。

　　《廣雅》云:"山蘄,當歸。"當歸,今似蘄而麤大。

　　薜百　蘄芹

13.006　椵(duàn)[①],木槿。櫬(qìn),木槿。

---

① 椵,原譌作"椵"。《音釋》同。

別二名也,似李樹,華朝生夕隕,可食,或呼日及,亦曰王蒸。

椴段　董謹　櫬襯

13.007　术(zhú),山薊。

《本草》云:"术,一名山薊。"今术似薊而生山中。

薊計

13.008　楊(yáng),枹薊。

似薊而肥大,今呼之馬薊。

枹孚

13.009　蒯(jiàn),王蔧。

王帚也,似藜,其樹可以爲埽蔧,江東呼之曰落帚。

蒯箭　蔧篲

13.010　菉(lù),王芻。

菉,蓐也,今呼鴟脚莎。

菉綠

13.011　拜(bài),蔏藋。

蔏藋亦似藜。

蔏商　藋徒的

13.012　蘩(fán),皤蒿。

白蒿。

蘩煩　皤婆

13.013　蒿(hāo),菣。

今人呼青蒿,香中炙啖者爲菣。

菣去刃

13.014　蔚(wèi),牡菣。

無子者。

蔚尉

13.015　薿(niè),彫蓬。

13.016　薦(jiàn),黍蓬。

別蓬種類。

13.017　蓽(bǐ),鼠莞。

亦莞屬也,纖細似龍須,可以爲席,蜀中出好者。

蓽方寐　莞官

13.018　蘍(jìng),鼠尾。

可以染皁。

13.019　菥蓂(xīmì),大薺。

似薺,葉細,俗呼之曰老薺。

菥惜　蓂覓

13.020　蒤(tú),虎杖。

似紅草而麤大,有細刺,可以染赤。

蒤途

13.021　孟(mèng),狼尾。

似茅,今人亦以覆屋。

13.022　瓠棲(hùxī),瓣。

瓠中瓣也,《詩》云:"齒如瓠棲。"

瓠户故　瓣方莧

13.023　茹藘(rúlǘ),茅蒐。

今之蒨也,可以染絳。

茹如　藘力居

13.024　果蠃之實,栝樓(guālóu)。

今齊人呼之爲天瓜。

蠃力果

13.025　荼(tú),苦菜。

《詩》曰:"誰謂荼苦。"苦菜可食。

13.026　萑(zhuī),蓷。

今茺蔚也,葉似荏,方莖,白華,華生節間。又名益母,《廣雅》云。

萑隹　蓷他回

13.027　蘱(yì),薞。

小草,有雜色,似薞。

蘱逆

13.028　粢(zī),稷。

今江東人呼粟爲粢。

粢咨

13.029　衆(zhōng),秫。

謂黏粟也。

衆終　秫述

13.030　戎叔謂之荏菽(rěnshū)^①。

即胡豆也。

荏叔

13.031　卉(huì),草。

百草揔名^②。

13.032　蔵(yǎn),雀弁。

未詳。

蔵悦轉

13.033　蘥(yuè),雀麥。

即燕麥也。

蘥龠

13.034　蘾(huài),烏蓛。

蘾戶怪　蓛孫

13.035　萰(liàn),菟荄。

萰練　菟兔　荄核

13.036　蘩(fán),菟蒵。

皆未詳。

蒵兮

13.037　黃(yín),菟瓜。

———————

①　叔,或作"菽"。

②　草,阮校本作"卉"。

蒮瓜似土瓜①。

黃演

13.038　荔藧(lièzhēn)，豕首。

《本草》曰彘盧，一名蟾蜍蘭。今江東呼豨首，可以燭蠶蛹。

荔列　藧真　豕傷氏

13.039　萍(píng)，馬帚。

似蓍，可以爲掃篲。

萍瓶

13.040　藬(huì)，懷羊。

未詳。

藬胡罪

13.041　茭(jiāo)，牛蘄。

今馬蘄，葉細銳，似芹，亦可食。

13.042　葵(tū)，蘆萉。

萉宜爲蔽，蘆萉，蕪菁屬，紫華，大根，俗呼雹葵。

葵他忽　蘆羅　萉蒲北

13.043　渵(chì)，灌。

未詳。

渵勑

13.044　茜(xiú)，芝。

---

① 土，原誤作“上”。

芝一歲三華,瑞草。

芢囟

13.045　筍(sǔn),竹萌。

初生者。

13.046　簜(dàng),竹。

竹別名,《儀禮》曰:"簜在建鼓之間。"謂簫管之屬。

簜蕩

13.047　莪(é),蘿。

今莪蒿也,亦曰廩蒿。

13.048　苨(nǐ),菧苨。

薺苨。

苨禰　菧底

13.049　䋆(dié),履。

未詳。

䋆待節

13.050　莕(xìng),接余,其葉苻(fú)。

叢生水中,葉圓,在莖端,長短隨水深淺,江東食之,亦呼爲莕,音杏。

13.051　白華(báihuā),野菅。

菅,茅屬,《詩》曰:"白華菅兮。"

菅菮

13.052　薜(bò),白蘄。

即上"山蕲"。

13.053　菲(fěi),芴。

即土瓜也。

菲匪　芴物

13.054　蕧(fú),蓄。

大葉,白華,根如指,正白,可啖。

蕧富

13.055　熒(jiǒng),委萎。

藥草也,葉似竹,大者如箭竿,有節,葉狹而長,表白裏青,根大如指,長一二尺,可啖。

萎威

13.056　蒲(qú),芋熒。

未詳。

蒲劬　芋他丁　熒迥

13.057　竹(zhú),萹蓄。

似小藜,赤莖節,好生道旁,可食,又殺蟲。

萹匹善

13.058　葴(zhēn),寒漿。

今酸漿草,江東呼曰苦葴。音針。

葴針

13.059　薢茩(jiēgòu),芙茪。

芙明也,葉黃銳,赤華,實如山茱萸。或曰蔆也,關西謂之蕛苵。音皆。

　　薜皆　苵狗　英決　芜光

13.060　莁荑(wúyí)，菼蘠。
一名白蕢。

　　莁巫　荑夷　菼殺　蘠牆

13.061　瓞(dié)，瓝，其紹瓞。
俗呼瓝瓜爲瓞。紹者，瓜蔓緒，亦著子，但小如瓝。

　　瓞大結　瓝步角

13.062　芍(xiào)，鳧茈。
生下田，苗似龍須而細，根如指頭，黑色，可食。

　　芍戶了

13.063　蘈(lèi)，蕭薚。
似蒲而細。

　　蘈類　蕭鼎　薚薚

13.064　藕(tí)，芺。
藕似稗，布地生，穢草。

　　藕啼　芺大結

13.065　鉤(gōu)，芺。
大如拇指，中空，莖頭有薹，似薊，初生可食。

13.066　薤(xiè)，鴻薈。
即薤菜也。

　　薈會

13.067 蘇(sū),桂荏。

蘇,荏類①,故名桂荏。

13.068 薔(sè),虞蓼。

虞蓼,澤蓼。

蓼了

13.069 蓧(tiáo),蓨。

未詳。

蓧他凋　蓨愓

13.070 虋(mén),赤苗。

今之赤粱粟。

虋門

13.071 芑(qǐ),白苗。

今之白粱粟,皆好穀。

芑起

13.072 秬(jù),黑黍。

《詩》曰:"維秬維秠。"

13.073 秠(pǐ),一稃二米。

此亦黑黍,但中米異耳。漢和帝時,任城生黑黍,或三四實,
實二米,得黍三斛八斗,是。

秠孚鄙

———————————

① 荏,阮校本作"桂"。

13.074　稌(tú)，稻。

今沛國呼稌。

稌杜

13.075　菩(fú)，蔨茅。

菩，華有赤者爲蔨。蔨，菩一種耳。亦猶菱苔，華黄白異名。

蔨璚

13.076　臺(tái)，夫須。

鄭箋《詩》云："臺可以爲禦雨笠。"

夫扶

13.077　搴(jiǎn)，蓟。

未詳。

搴寒　蓟伐

13.078　茵(méng)，貝母。

根如小貝，員而白華，葉似韭。

茵萌

13.079　苃(qiáo)，蚍衃。

今荆葵也，似葵，紫色。謝氏云："小草多華少葉，葉又
翹起。"

苃翹　蚍毗　衃浮

13.080　艾(ài)，冰臺。

今艾蒿。

13.081　葶(diǎn)，亭歷。

實、葉皆似芥，一名狗薺，《廣雅》云。音典。

菫典

13.082　苻(fú)，鬼目。

今江東有鬼目草，莖似葛，葉員而毛，子如耳璫也，赤色，
叢生。

13.083　薜(bì)，庾草。

未詳。

13.084　菣(áo)，蔜縷。

今蘩縷也。或曰鷄腸草。

菣五高　蔜竣　縷縷

13.085　蘺南(línán)，活莌。

草生江南，高丈許，大葉，莖中有瓤，正白，零陵人祖日貫之
爲樹①。

莌奪

13.086　蘢(lóng)，天蘥。

蘢聾

13.087　須(xū)，葑蓯。

未詳。

葑方孔　蓯總

13.088　蒡(páng)，隱荵。

----

① 零陵人祖日貫之爲樹，段玉裁云當依《山海經》作"零陵人植而日
灌之以爲樹"。

似蘇有毛,今江東呼爲隱荵,藏以爲菹,亦可瀹食。

　　蒡旁　荵忍

13.089　茜(yóu),蔓于。

　　草生水中,一名軒于,江東呼茜。音猶。

　　茜由

13.090　薗(lǔ),蘆。

　　作屨苴草。

　　薗魯　蘆才古

13.091　柱夫(zhǔfū),搖車。

　　蔓生,細葉,紫華,可食,今俗呼曰翹搖車。

　　柱主　夫扶

13.092　出隧(chūsuì),蘧蔬。

　　蘧蔬,似土菌,生菰草中,今江東啖之,甜滑。音璩氍毹。

　　隧遂　蘧巨俱　蔬山俱

13.093　蘄茝(qíchǎi),蘪蕪。

　　香草,葉小如萎狀,《淮南子》云:"似蛇牀。"《山海經》云:
"臭如蘪蕪。"

　　茝昌改

13.094　茨(cí),蒺藜。

　　布地蔓生,細葉,子有三角,刺人,見《詩》。

13.095　蒺蘸(jìrú),竊衣。

　　似芹,可食,子大如麥,兩兩相合,有毛,著人衣。

蘮茩　薽如

13.096　氂(máo),顛蕀。

細葉,有刺,蔓生,一名商蕀。《廣雅》云:"女木也。"

氂毛　蕀棘

13.097　藋(guàn),芄蘭。

藋芄,蔓生,斷之有白汁,可啖。

藋貫

13.098　蕁(tán),莐藩。

生山上,葉如韭,一曰䖝母①。

蕁徒南　莐沉

13.099　蕍(yú),蕮。

今澤蕮。

蕍俞　蕮昔

13.100　藈(juàn),鹿藿。其實莥(niǔ)。

今鹿豆也,葉似大豆,根黃而香,蔓延生。

藈巨隕　藿霍　莥女九

13.101　蔧侯(hàohóu),莎。其實媞(tí)。

《夏小正》曰:"蔧也者,莎隨。媞者,其實。"

蔧浩　媞提

13.102　莞(guān),苻蘺,其上蓠(lì)。

---

① 䖝,或作"提、蜓"。

今西方人呼蒲爲莞蒲，蒚謂其頭薹首也。今江東謂之符蘺，
西方亦名蒲中莖爲蒚，用之爲席。音羽翮。

莞官　蒚力

13. 103　荷(hé)，芙渠。別名芙蓉，江東呼荷。其莖茄(jiā)，
　　　　其葉蘬(xiá)，其本蔤(mì)，莖下白蒻在泥中者。其華菡
　　　　萏(hàndàn)，見《詩》。其實蓮(lián)，蓮謂房也。其根藕
　　　　(ǒu)，其中的(dì)，蓮中子也。的中薏(yì)。中心苦。

茄加　蘬遐　蔤密　華戶瓜　萏徒感　薏憶

13. 104　紅(hóng)，蘢古。其大者蘬(kuī)。
　　　　俗呼紅草爲蘢鼓，語轉耳。

蘬丘軌

13. 105　薒(cuó)，薺實。
　　　　薺子名。

薒才何

13. 106　蕡(fén)，枲實。
　　　　《禮記》曰："苴麻之有蕡。"

蕡扶刃　枲皁以

13. 107　枲(xǐ)，麻。
　　　　別二名。

13. 108　須(xū)，蕵蕪。
　　　　蕵蕪似羊蹄，葉細，味酢，可食。

13. 109　菲(fěi)，蒠菜。

菲草生下溼地,似蕪菁,華紫赤色,可食。

菲匪　葍息

13.110　葟(kuài),赤莧。

今之莧,赤莖者。

葟巨貴

13.111　蔷蘼(qiángmǐ),虋冬。

門冬①,一名滿冬,《本草》云。

蘼美

13.112　萹(piān),苻止。

未詳。

萹偏

13.113　濼(lì),貫衆。

葉員銳,莖毛黑,布地,冬不死。一名貫渠,《廣雅》云
"貫節"。

濼爍　衆終

13.114　莙(jùn),牛藻。

似藻,葉大,江東呼爲馬藻。

莙其隕　藻早

13.115　蓫薚(zhútāng),馬尾。

《廣雅》曰:"馬尾,蔏陸。"《本草》云:"別名薚。"今關西亦
呼爲薚,江東呼爲當陸。

---

① 門,阮校本作"虋"。

蔏他六　蘬他羊

13. 116　萍(píng),荓,水中浮荓,江東謂之藻,音瓢。其大者
蘋(pín)。《詩》曰:"于以采蘋。"

苹平　荓瓶

13. 117　蒡(xī),菟葵。

頗似葵而小,葉狀如藜,有毛,汋啖之滑。

蒡希

13. 118　芹(qín),楚葵。

今水中芹菜。

13. 119　蕡(tuī),牛蘈。

今江東呼草爲牛蘈者,高尺餘許,方莖,葉長而鋭,有穗,穗
間有華,華紫縹色,可淋以爲飲。

蕡吐回　蘈頽

13. 120　藚(xù),牛脣。

《毛詩傳》曰:"水舄也。"如藚斷[1],寸寸有節,拔之可復。

藚續

13. 121　苹(píng),藾蕭。

今藾蒿也,初生亦可食。

藾賴

13. 122　連(lián),異翹。

———————————

[1]　藚,《爾雅義疏》作"續"。

一名連苕,又名連草,《本草》云。

13.123　澤(zé),烏蕸。

即上"藗"也。

13.124　傅(fù),横目。

一名結縷,俗謂之鼓箏草。

13.125　釐(lái),蔓華。

一名蒙華。

13.126　薩(líng),蕨攈。

蔆,今水中芰。

薩凌　攈眉

13.127　大菊(dàjú),蘧麥。

一名麥句薑,即瞿麥。

13.128　薛(bì),牡贊。

未詳。

薛百　贊贊

13.129　葥(jiàn),山莓。

今之木莓也,實似藨莓而大,亦可食。

葥箭　莓每

13.130　齧(niè),苦堇。

今堇葵也,葉似柳子,如米,汋食之滑。

13.131　蕈(tán),石衣。

水苔也,一名石髮,江東食之。或曰薃,葉似蘸而大,生水
底,亦可食。

薃潭

13.132　蘜(jú),治牆。
今之秋華菊。

蘜菊

13.133　唐(táng)、蒙(méng),女蘿。女蘿(nǔluó),菟絲。
別四名,《詩》云:"爰采唐矣。"

13.134　苖(dí),蓨。
未詳。

蓨他凋

13.135　堇(guī),蕧葐。
覆葐也,實似莓而小,亦可食。

堇奎　蕧缺　葐盆

13.136　芨(jī),堇草。
即烏頭也,江東呼爲堇。音靳。

芨急

13.137　藗(jiān),百足。
未詳。

藗纖

13.138　菺(jiān),戎葵。
今蜀葵也,似葵,華如木槿華。

胥肩

13.139　蘮(jì),狗毒。

樊光云:"俗語苦如蘮。"

蘮計

13.140　垂(chuí),比葉。

未詳。

13.141　覆(fù),盜庚。

旋覆,似菊。

覆服

13.142　荶(zì),麻母。

苴麻盛子者。

荶字

13.143　胹(bó),九葉。

今江東有草,五葉共叢生一莖,俗因名爲五葉,即此類也。

13.144　茈(mò),茈草。

可以染紫,一名茈莀,《廣雅》云。

茈亡角　茈子爾

13.145　倚商(yǐshāng),活脫。

即離南也。

脫奪

13.146　藏(zhī),黃蒢。

藐草,葉似酸漿,草小而白[1],中心黄,江東以作葅食。

藐職　蒢除

13.147　藒車(qièchē),芞輿。

藒車,香草,見《離骚》。

藒挈　芞乞

13.148　蓲(quán),黄華。

今謂牛芸草爲黄華,華黄,葉似苜蓿[2]。

13.149　葞(mǐ),春草。

一名芒草,《本草》云。

葞尾

13.150　蔠葵(zhōngkuí),繁露。

承露也,大莖,小葉,華紫黄色。

蔠終

13.151　菋(wèi),荎藸。

五味也,蔓生,子叢在莖頭。

菋味　荎直其　藸除

13.152　荼(tú),委葉。

《詩》云:"以茠荼蓼。"

荼徒

13.153　皇(huáng),守田。

---

① 草,《爾雅義疏》作"華"。
② 苜,《爾雅義疏》作"牧"。

似燕麥,子如彫胡米,可食,生廢田中。一名守氣。

13. 154　鉤(gōu),藈姑。

鉤瓟也[①],一名王瓜。實如飽瓜,正赤,味苦。

藈圭

13. 155　望(wàng),棃車。

可以爲索,長丈餘。

棃繩

13. 156　困(kùn),袚襗。

未詳。

袚劫　襗絳

13. 157　欔(jué),烏階。

即烏杷也,子連相著,狀如杷齒,可以染皁。

欔钁

13. 158　杜(dù),土鹵。

杜衡也,似葵而香。

13. 159　盱(xū),虺牀。

蛇牀也,一名馬牀,《廣雅》云。

盱吁

13. 160　䔧(mǐ),薂。

未聞。

---

① 鉤,阮元認爲當作"瓟"。

蒛_米　蒛_{五刀}

13.161　赤(chì)，枹薊。

即上"枹薊"。

13.162　菟奚(tùxī)，顆涷。

款涷也，紫赤華，生水中。

涷東

13.163　中馗(zhōngqiú/kuí)，菌^①，地蕈也，似蓋，今江東名爲土菌，亦曰馗厨，可啖之。小者菌(jūn)。大小異名。

馗遠　菌巨隕

13.164　菆(zōu)，小葉。

未聞。

菆鄒

13.165　苕(tiáo)，陵苕。

一名陵時，《本草》云。

苕調

13.166　黃華，蔈(biāo)。白華，茇(pèi)。

苕華色異，名亦不同。音沛。

蔈標　茇沛

13.167　蘪(mí)，從水生。

生於水中。

---

① 菌，俞樾疑《爾雅》本作"地蕈"，傳寫將之誤入注文，後人遂增"菌"字。阮元則認爲當作"蕑"。

蘪眉

13.168　薇(wēi),垂水。

生於水邊。

13.169　薜(bò),山麻。

似人家麻,生山中。

13.170　莽(mǎng),數節。

竹類也,節間促。

數朔

13.171　桃枝(táozhī),四寸有節。

今桃枝節間相去多四寸。

13.172　粼(lín),堅中。

竹類也,其中實。

粼客

13.173　簢(mǐn),筡中。

言其中空,竹類。

簢閔[1]　筡徒

13.174　仲(zhòng),無笐。

亦竹類,未詳。

笐杭

13.175　篙(dài),箭萌。

———————————

[1]　簢,原作“藺”,從正文改。

萌,筍屬也,《周禮》曰:"箈菹鴈醢。"

箈待

13.176　篠(xiǎo),箭。

別二名。

13.177　枹(bāo),霍首。

枹苞

13.178　素華(sùhuā),軌鬷。

皆未詳。

13.179　芏(dù),夫王。

芏草,生海邊,似莞蘭,今南方越人采以爲席。

芏杜

13.180　綦(qí),月爾。

即紫綦也,似蕨,可食。

綦其①

13.181　葴(zhēn),馬藍。

今大葉冬藍也。

葴針

13.182　姚莖(yáojīng),涂薺。

未詳。

13.183　芐(hù),地黃。

_____

① 綦,原作"葚",從正文改。

一名地髓，江東呼苽音怗。

苽户

13.184　蒙(méng)，王女。
蒙即唐也，女蘿別名。

13.185　拔(fá)，蘢葛。
似葛，蔓生，有節，江東呼爲龍尾，亦謂之虎葛，細葉赤莖。

13.186　遫(sù)，牡茅。
白茅屬。

遫速

13.187　菤耳(juǎněr)，苓耳。
《廣雅》云："枲耳也。"亦云胡枲。江東呼爲常枲，或曰苓耳。形似鼠耳，叢生如盤。

菤捲

13.188　蕨(jué)，虌。
《廣雅》云："紫虈。"非也。初生無葉，可食。江西謂之虌。

虌鱉

13.189　蕎(jiāo)，邛鉅。
今藥草大戟也，《本草》云。

13.190　繁(fán)，由胡。
未詳。

13.191　蒵(wáng)，杜榮。
今蒵草，似茅，皮可以爲繩索履屬也。

蒤亡

13.192　稂(láng)，童粱。

稂，莠類也。

13.193　藨(pāo)，麃。

麃即苺也，今江東呼爲藨苺，子似覆葐而大，赤，酢甜可啖。

藨蒲苗　　麃平表①

13.194　的(dì)，薂。

即蓮實也。

薂亦

13.195　購(gòu)，蔏蔞。

蔏蔞，蔞蒿也。生下田，初出可啖，江東用羹魚。

購古豆　　蔞力朱

13.196　苶(liè)，勃苶。

一名石芸，《本草》云。

苶列

13.197　葽繞(yǎorào)，蕀菟。

今遠志也②，似麻黄，赤華，葉鋭而黄，其上謂之小草，《廣雅》云。

葽烏了　　菟冤

13.198　茦(cì)，刺。

草刺針也，關西謂之刺，燕北、朝鮮之閒曰茦，見《方言》。

_____

① 麃，原作"藨"，從正文改。

② 蒤，《爾雅義疏》作"志"。

萊册 刺次

13.199　蕭(xiāo),萩。

即蒿。

萩秋

13.200　薚(xún),海藻。

藥草也,一名海蘿,如亂髮,生海中,《本草》云。

13.201　長楚(chángchǔ),銚芅。

今羊桃也,或曰鬼桃,葉似桃,華白,子如小麥,亦似桃。

銚姚　芅亦

13.202　蘦(líng),大苦。

今甘草也,蔓延生,葉似荷,青黃,莖赤有節,節有枝相當。
或云蘦似地黃①。

13.203　茉苜(fúyǐ),馬舄。

茉浮　苜以

13.204　馬舄(mǎxì),車前。

今車前草,大葉,長穗,好生道邊,江東呼爲蝦蟆衣。

13.205　綸(guān)似綸,組(zǔ)似組,東海有之。

綸,今有秩、嗇夫所帶糾青絲綸。組,綬也,海中草生彩理
有象之者,因以名云。

綸古頑

---

① 云,原作"二",當是缺筆。《爾雅義疏》作"云"。

13.206　帛(bó)似帛,布(bù)似布,華山有之。

草葉有象布帛者,因以名云。生華山中。

13.207　芤(háng),東蠡。

未詳。

芤亡岡　蠡禮

13.208　緜馬(miánmǎ),羊齒。

草細葉,葉羅生而毛,有似羊齒,今江東呼爲鴈齒,繰者以取繭緒。

13.209　萿(kuò),麋舌。

今麋舌草,春生,葉有似於舌。

萿古活

13.210　搴(jiǎn),柜朐。

未詳。

搴居展　柜巨　朐劬

13.211　蘩之醜,秋爲蒿(hāo)。

醜,類也。春時各有種名,至秋老成,皆通呼爲蒿。

13.212　芺,薊,其實荂(fū)。

芺與薊莖頭皆有薟臺,名荂,荂即其實,音俘。

芺襖　荂吁

13.213　藨(biāo)、荂(fū),荼。

即芀。

藨方腰

13.214　猋(biāo)、藨(biāo),芀。

皆芀、荼之別名。方俗異語,所未聞。

猋必遙　　藨方驕

13.215　葦醜,芀(tiáo)。

其類皆有芀秀。

芀調

13.216　葭(jiā),華。

即今蘆也。

13.217　蒹(jiān),薕。

似萑而細,高數尺,江東呼爲蒹薍[1],音廉。

蒹兼　　薕廉

13.218　葭(jiā),蘆。

葦也。

13.219　菼(tǎn),薍,似葦而小,實中,江東呼爲烏蘆,音丘。其萌,虇(quǎn)。今江東呼蘆笋爲虇,然則萑葦之類,其初生者皆名虇,音繾綣。

菼他敢　　薍五患　　虇丘阮

13.220　蕍(yú)、芛(wěi)、葟(huáng)、華(huā),榮。

《釋言》云:“華,皇也。”今俗呼草木華初生者爲芛,音獮豬。蕍猶敷蕍,亦華之貌,所未聞。

蕍俞　　芛羊棰　　葟皇

————————

[1]　江東,阮元認爲當作“江東人”。

13.221　卷施草(juǎnshīcǎo)，拔心不死。

宿莽也，《離騷》云。

13.222　菮(yǔn)，荍。

今江東呼藕紹緒如指、空中可啖者爲荍，菮即此類。

菮于閔　荍胡巧

13.223　荄(gāi)，根。

別二名，俗呼韭根爲荄。

13.224　欘(jué)①，橐含。

未詳。

13.225　華(huā)，荂也。

今江東呼華爲荂，音敷。

13.226　華(huā)、荂(huā)，榮也。

轉相解。

13.227　木謂之華(huā)，草謂之榮(róng)。

13.228　不榮而實者謂之秀(xiù)，榮而不實者謂之英(yīng)。

---

① 欘，原誤作"擭"。

釋木第十四

14.001　栲(tāo),山榎。

今之山楸。

栲叨　榎賈

14.002　栲(kǎo),山樗。

栲似樗,色小白,生山中,因名云,亦類漆樹。

樗丑於

14.003　柏(bǎi),椈。

《禮記》曰:"鬯白以椈。"

椈菊

14.004　髠(kūn),梱。

未詳。

髠坤　梱五門

14.005　椵(duàn)[①],柂。

白椵也,樹似白楊。

椵段　柂夷

14.006　梅(méi),枏。

似杏,實酢。

枏而占

———————

① 椵,原誤作"椵"。注語、《音釋》同。

14.007　柀(bǐ)，黏。

黏似松，生江南，可以爲船及棺材，作柱埋之不腐。

柀彼　黏衫

14.008　櫠(fèi)，椵。

柚屬也，子大如盂，皮厚二三寸，中似枳，食之少味。

櫠廢　椵賈

14.009　杻(niǔ)，檍。

似棣，細葉，葉新生可飼牛，材中車輞①。關西呼杻子，一名土橿。

杻女九　檍憶

14.010　楙(mào)，木瓜。

實如小瓜，酢可食。

楙茂

14.011　椋(liáng)，即來。

今椋，材中車輞②。

椋良

14.012　栵(lì)，栭。

樹似檞樕而庳小，子如細栗③，可食，今江東亦呼爲栭栗。

栵例　栭而

14.013　檴(huò)，落。

---

① ②　輞，《爾雅義疏》作“輞”。

③　栗，《爾雅義疏》作“栗”，據下“栭栗”推測，作“栗”是。

可以爲杯器素。

樓鑢

14.014　柚(yòu),條。

似橙,實酢,生江南。

14.015　時(shí),英梅。

雀梅。

14.016　楥(yuán),柜柳。

未詳。或曰:柳當爲柳。柜柳,似柳,皮可以煮作飲。

楥袁　柳邛

14.017　栩(xǔ),杼。

柞樹。

栩香羽　杼嘗汝

14.018　味(wèi),荎著。

《釋草》已有此名,疑誤重出。

荎直之　著儲

14.019　蕅(ōu),荎。

今之刺榆。

蕅歐　荎大結

14.020　杜(dù),甘棠。

今之杜梨①。

---

① 梨,阮校本作"棠"。

14.021　狄(dí),臧槔。貢(gòng),綦。

皆未詳。

槔皐　綦其

14.022　杫(qiú),繫梅。杫樹狀似梅,子如指頭,赤色,似小栜,
可食。朻者聊(liú)。未詳。

杫求　繫計　朻糾

14.023　魄(pò),榠櫨。

魄,大木,細葉,似檀,今江東多有之,齊人諺曰:"上山斫
檀,榠櫨先殫。"

榠兮計　櫨許今

14.024　梫(qǐn),木桂。

今南人呼桂厚皮者爲木桂。桂樹葉似枇杷而大,白華,華
而不著子,叢生巖嶺,枝葉冬夏常青,閒無雜木。

梫寢

14.025　棆(lún),無疵。

棆,梗屬,似豫章。

棆倫

14.026　椐(qū),樻。

腫節可以爲杖。

椐祛　樻起愧

14.027　檉(chēng),河柳。

今河旁赤莖小楊。

14.028　旄(máo),澤柳。

生澤中者。

14.029　楊(yáng),蒲柳。

可以爲箭,《左傳》所謂"董澤之蒲"。

14.030　權(quán),黃英。

14.031　輔(fǔ),小木。

權、輔,皆未詳。

14.032　杜(dù),赤棠;白者棠(táng)。

棠色異,異其名。

14.033　諸慮(zhūlù),山櫐。

今江東呼櫐爲藤,似葛而麤大。

櫐壘

14.034　欇(shè),虎櫐。

今虎豆,纏蔓林樹而生,莢有毛刺,今江東呼爲欇。欇,
音涉。

欇涉

14.035　杞(qǐ),枸檵。

今枸杞也。

檵計

14.036　杬(yuán),魚毒。

杬,大木,子似栗,生南方,皮厚,汁赤,中藏卵果。

14.037　橶(huǐ),大椒。

今椒樹叢生,實大者名爲橶。

14.038　楰(yú),鼠梓。

楸屬也,今江東有虎梓。

楰庾

14.039　楓(fēng),欇欇。

楓樹,似白楊,葉員而岐,有脂而香,今之楓香是。

欇報

14.040　寓木(yùmù),宛童。

寄生樹,一名蔦。

寓魚具

14.041　无姑(wúgū),其實夷(yí)。

无姑,姑榆也,生山中,葉員而厚,剝取皮合漬之,其味辛香,所謂无夷。

14.042　櫟(lì),其實梂(qiú)。

有梂彙自裹。

梂求

14.043　樋(suì),羅①。

今楊樋也,實似梨而小,酢可食。

樋遂

---

① 羅,阮校本作"蘿"。

14.044　楔(jiá),荆桃。

今櫻桃。

楔戞

14.045　旄(máo),冬桃。

子冬熟。

14.046　榹桃(sītáo),山桃。

實如桃而小,不解核。

榹斯

14.047　休(xiū),无實李。

一名趙李。

14.048　痤(cuó)①,接慮李。

今之麥李。

14.049　駮(bó),赤李。

子赤。

14.050　棗(zǎo),壺棗(húzǎo)②。

今江東呼棗大而鋭上者爲壺。壺猶瓠也。

14.051　邊(biān),要棗。

子細腰,今謂之鹿盧棗。

要腰

---

① 痤,或作"桙"。

② 據下面10條,該條或可斷爲:棗:壺棗。故均注音並出索引。

14.052　檕(jī)，白棗。

即今棗子白熟。

14.053　樲(èr)，酸棗。

樹小實酢，《孟子》曰："養其樲棗。"

樲二

14.054　楊徹(yángchè)，齊棗。

未詳。

14.055　遵(zūn)，羊棗。

實小而員，紫黑色，今俗呼之爲羊矢棗，《孟子》曰："曾晳嗜羊棗。"

14.056　洗(xiǎn)，大棗。

今河東猗氏縣出大棗，子如雞卵。

洗屑典

14.057　煮(zhǔ)，填棗。

未詳。

填田

14.058　蹶洩(juéxiè)，苦棗。

子味苦。

泄屑

14.059　皙(xī)，無實棗。

不著子者。

14.060　還味(xuánwèi)，棯棗。

還味短苦。

還旋　稔稔

14.061　櫬(chèn)，梧。

今梧桐。

14.062　樸(pú)，枹者。

樸屬叢生者爲枹，《詩》所謂"械樸枹櫟"。

樸卜

14.063　謂櫬(wèichèn)，采薪。采薪(cǎixīn)，即薪。

指解今樵薪。

14.064　楰(yǎn)，梗其。

楰實似奈，赤，可食。

楰琰　梗速

14.065　劉(liú)，劉杙。

劉子生山中，實如梨，酢甜，核堅，出交趾。

14.066　櫰(huái)，槐大葉而黑。

槐樹葉大色黑者，名爲櫰。

櫰苦回　槐懷

14.067　守宮槐(shǒugōnghuái)，葉晝聶宵炕。

槐葉晝日聶合而夜炕布者，名爲守宮槐。

聶報　炕呼郎

14.068　槐(huái)，小葉曰榎(jiǎ)。 槐當爲楸，楸細葉者爲榎。

大而皵，楸(qiū)；老乃皮麤皵者爲楸。小而皵，榎(jiǎ)。

小而皮纚散者爲榎,《左傳》曰:"使擇美榎。"

14.069　椅(yī),梓。

即楸。

椅於寄

14.070　栘(yí),赤栜;白者栜(sù)。

赤栜,樹葉細而岐銳[1],皮理錯戾,好叢生山中,中爲車輞。
白栜,葉員而岐,爲大木。

栜山厄

14.071　終(zhōng),牛棘。

即馬棘也,其刺纚而長。

14.072　灌木(guànmù),叢木。

《詩》曰:"集於灌木。"

14.073　瘣木(huìmù),苻婁。

謂木病,尪傴、瘻腫、無枝條。

瘣胡罪

14.074　蕡(fén),藹。

樹實繁茂菴藹。

14.075　枹(bāo),遒木,魁瘣。

謂樹木叢生,根枝節目盤結塊磊。

遒徂由

---

[1]　岐,《爾雅義疏》作"歧"。下"岐"同。

14.076　棫(yù),白桵。

桵,小木叢生,有刺,實如耳璫,紫赤,可啖。

棫域　桵人佳

14.077　棃(lí),山檑。

即今棃樹。

檑离

14.078　桑辨有葚,梔(zhī)。

辨,半也。

辨片

14.079　女桑(nǔsāng),桋桑。

今俗呼桑樹小而條長者爲女桑樹。

14.080　榆(yú),白枌。

枌,榆先生葉,却著莢,皮色白。

枌墳

14.081　唐棣(tángdì),栘。

似白楊,江東呼夫栘。

栘移

14.082　常棣(chángdì),棣。

今山中有棣樹,子如櫻桃,可食。

14.083　檟(jiǎ),苦荼。

樹小似梔子,冬生,葉可煮作羹飲,今呼早采者爲荼,晚取
者爲茗。一名荈,蜀人名之苦荼。

14.084　楸樸(sùpú)①,心。

　　槲樕別名。

14.085　榮(róng),桐木。

　　即梧桐。

14.086　棧木(zhànmù),干木。

　　橿木也,江東呼木觡。

14.087　檿桑(yǎnsāng),山桑。

　　似桑,材中作弓及車轅。

　　檿烏點

14.088　木自獘,枻(shēn)。

　　獘,踣。

　　枻伸

14.089　立死,椔(zì)。

　　不獘頓。

　　椔側吏

14.090　蔽者,翳(yì)。

　　樹蔭翳覆地者,《詩》云:“其椔其翳。”

14.091　木相磨,槸(yì)。

　　樹枝相切磨。

14.092　槸(cuò),骹。

────────────

① 楸樸,或作“樸楸”。

謂木皮甲錯。

楛錯　皾烏

14.093　梢(shāo),梢櫂。

謂木無枝柯,梢櫂長而殺者。

梢朔　櫂濁

14.094　樅(cōng),松葉柏身。

今大廟梁材用此木,《尸子》所謂"松柏之鼠,不知堂密之
有美樅"。

樅七容

14.095　檜(guì),柏葉松身。

《詩》曰:"檜楫松舟。"

14.096　句如羽,喬(qiáo)。

樹枝曲卷,似鳥毛羽。

14.097　下句曰朻(jiū),上句曰喬(qiáo)。

14.098　如木楸曰喬(qiáo),楸樹性其上竦。**如竹箭曰苞
(bāo),**篠竹性叢生。**如松柏曰茂(mào),**枝葉婆娑。**如槐
曰茂(mào)。**言亦扶疎茂盛[1]。

14.099　梲(zhù),州木。

14.100　髦(máo),柔英。

皆未詳。

───────────

[1]　言亦,疑當作"亦言"。

14.101　槐棘醜,喬(qiáo)。

枝皆翹竦。

14.102　桑柳醜,條(tiáo)。

阿那垂條。

14.103　椒樧醜,莍(qiú)。

莍蓃,子聚生成房貌,今江東亦呼莍樧,似茱萸而小,赤色。

樧殺

14.104　桃李醜,核(hé)。

子中有核人。

14.105　瓜曰華(huā)之,桃曰膽(dǎn)之,棗李曰疐(dì)
之,樝棃曰鑽(zuàn)之。

皆啖食、治擇之名,樝似棃而酢澀,見《禮記》。

華胡化　疐帝　鑽子管

14.106　小枝上繚爲喬(qiáo)。

謂細枝皆翹繚、上向者名爲喬木。

繚了

14.107　無枝爲檄(xí)。

檄櫂直上。

檄亦

14.108　木族生爲灌(guàn)。

族,叢。

釋蟲第十五

15.001 螜(hú),天螻。

螻蛄也,《夏小正》曰:"螜則鳴。"

螜斛

15.002 蜚(fěi),蠦蜰。

蜰即負盤,臭蟲。

蜚費　蠦盧　蜰肥

15.003 蚏衒(yǐnyǎn),入耳。

蚰蜒。

蚏引　衒演

15.004 蜩(tiáo):蜋蜩(lángtiáo),《夏小正》傳曰:"蜋蜩者,五彩具。"蟧蜩(tángtiáo)。《夏小正》傳曰:"蟧蜩者,蝘。"

俗呼爲胡蟬,江南謂之蟧蛦,音萸。

蜩調

15.005 蚻(zhá),蜻蜻。

如蟬而小,《方言》云:"有文者謂之螓。"《夏小正》曰:"鳴蚻虎懸。"

蚻札

15.006 蠽(jié),茅蜩。

江東呼爲茅截,似蟬而小,青色。

蠽節

15. 007　蝒(mián)，馬蜩。

蜩中最大者爲馬蟬。

蝒縣

15. 008　蜺(ní)，寒蜩。

寒螿也，似蟬而小，青赤，《月令》曰："寒蟬鳴。"

15. 009　蜓蚞(tíngmù)，螇螰。

即蝭蟧也。一名蟪蛄，齊人呼螇螰。

蜓挺　蚞木

15. 010　蛣蜣(jiéqiāng)，蜣蜋。

黑甲蟲，噉糞土。

蛣起吉　蜣羌

15. 011　蝎(hé)，蛣蝠。

木中蠹蟲。

蝎曷　蝠屈

15. 012　蠰(shàng)，齧桑。

似天牛，長角，體有白點，喜齧桑樹，作孔入其中。江東呼爲齧髮。

蠰餉

15. 013　諸慮(zhūlù)，奚相。

未詳。

15. 014　蜉蝣(fúyóu)，渠略。

似蛣蜣，身狹而長，有角，黄黑色，叢生糞土中，朝生暮死，豬好啖之。

　　蜉浮　　蝣遊

15.015　蚆(bié)，蟥蛢。

　　甲蟲也，大如虎豆，緑色，今江東呼黄蛢。音瓶。

　　蚆步結　　蟥黄　　蛢瓶

15.016　蠸(quán)，輿父，守瓜。

　　今瓜中黄甲小蟲，喜食瓜葉，故曰守瓜。

　　蠸權　　父甫

15.017　蝚(róu)，蜡螻。

　　蜡螻，螻蛄類。

　　蝚柔　　蜡武江

15.018　不蜩(bùtiáo)，王蚥。

　　未詳。

15.019　蛄蛥(gūshī)，强蛘。

　　今米穀中蠹小黑蟲是也。建平人呼爲蛘子。音芈姓。

　　蛥施　　蛘亡婢

15.020　不過(bùguò)，蟷蠰，蟷蠰，堂蜋別名。其子蜱蛸
　　(píxiāo)。一名螳蟭，蟷蠰卵也。

　　蟷丁郎　　蠰箱　　蜱毗　　蛸消

15.021　蒺藜(jílí)，蝍蛆。

　　似蝗而大腹，長角，能食虵腦。

　　蝍即　　蛆子余

15.022　蝝(yuán)，蝮蜪。

蝗子未有翅者，《外傳》曰："蟲舍蚳蝝。"

蝝緣　　蝮孚福　　蜪陶

15.023　蟋蟀(xīshuài)，蟋。

今促織也，亦名青蚸。

蟋拱

15.024　螜(jīng)，蟆。

蛙類。

螜鶩

15.025　蜆(xián)，馬蜋。

馬蠋，虰，俗呼馬蚿。

蜆閑　　蜋棧

15.026　阜螽(fùzhōng)，蠜。

《詩》曰："趯趯阜蟲。"

阜阜　　螽終　　蠜煩

15.027　草螽(cǎozhōng)，負蠜。

《詩》云："喓喓草蟲。"謂常羊也。

15.028　蜇螽(sīzhōng)，蜙蝑。

蜙蝑也，俗呼蜙螉。

蜇斯　　蜙嵩　　蝑胥

15.029　蟿螽(qìzhōng)，螇蚸。

今俗呼似蜙蝑而細長、飛翅作聲者為螇蚸。

蝚契　蛴歷

15.030　土蠭(tǔzhōng)，蟙蛻。

似蝗而小，今謂之土蛒。

蟙壤

15.031　蝬蚓(qǐnyǐn)，螼蚕。

即蚯蠶也，江東呼寒蚓。

蝬羌引　螼苦濒　蚕他典

15.032　莫貈(mòhé)，蟷蜋①，蜉。

蟷蜋，有斧蟲，江東呼石蜋，孫叔然以《方言》説此，義亦
不了。

貈鶴　蜉謀

15.033　虰蛵(dīngxīng)，負勞。

或曰：即蜻蛉也。江東呼狐黎，所未聞。

虰丁　蛵馨

15.034　蛤(hàn)，毛蠹。

即蛓。

蛤戸感

15.035　蠈(mò)，蚅蜇。

蛓屬也。今青州人呼蛓爲蚅蜇，孫叔然云：“八角螫蟲。”
失之。

蠈墨　蚅而占　蜇斯

───────────

①　蟷，阮元認爲當作“螳”。

15.036　蟠(fán),鼠負。

瓮器底蟲。

蟠煩

15.037　蟫(yín),白魚。

衣、書中蟲。一名蛃魚。

蟫泘

15.038　蛾(é),羅。

蠶蛾。

蛾娥

15.039　翰(hàn),天雞。

小蟲,黑身,赤頭,一名莎雞,又曰樗雞。

翰汗

15.040　傅(fù),負版。

未詳。

15.041　强(qiáng),蚚。

即强醜捊。

蚚祈

15.042　蚚(liè),螪何。

未詳。

蚚岁　螪商

15.043　蜮(guī),蛹。

蠶蛈①。

魄䖆

15.044   蜆(xiàn)，縊女。

小黑蟲，赤頭，喜自經死，故曰縊女。

蜆演

15.045   蚍蜉(pífú)，大螘，俗呼爲馬蚍蜉。小者螘(yǐ)。齊人呼蟻蟻蛘②。

螘魚綺

15.046   蠪(lóng)，朾螘。

赤駮蚍蜉。

蠪聾   朾直耕

15.047   蠦(wèi)，飛螘，有翅。其子蚳(chí)。蚳，蟻卵，《周禮》曰：“蜃蚳醢。”

蠦尉   蚳池

15.048   次蟗(cìqiū)，䵡䵂。

蟗秋   䵡知   䵂誅

15.049   䵡䵂(zhīzhū)，䵂蟊。

今江東呼蜘蛛，音掇。

蟊謀

15.050   土䵡䵂(tǔzhīzhū)。

---

①   蛈，《爾雅義疏》作“蛹”，是。

②   蟻蟻蛘，《爾雅義疏》作“蟻爲蛘”。

在地中布網者。

15.051　草蟲蟲(cǎozhīzhū)。
絡幕草上者。

15.052　土蠭(tǔfēng)。
今江東呼大蠭在地中作房者爲土蠭，噉其子，即馬蠭。今
荆、巴閒呼爲蟺，音憚。

蠭蜂

15.053　木蠭(mùfēng)。
似土蠭而小，在樹上作房，江東亦呼爲木蠭，又食其子。

15.054　蟦(fèi)，蠐螬。
在糞土中。

蟦賁

15.055　蝤蠐(qiúqí)，蝎。
在木中，今雖通名爲蝎，所在異。

蝤囚

15.056　蚜威(yīwēi)[①]，委黍。
舊説鼠蝜别名，然所未詳。

蚜伊

15.057　蠨蛸(xiāoshāo)，長踦。
小蟲蟲長脚者，俗呼爲喜子。

---

① 蚜，《爾雅義疏》作“伊”。

蟰蕭　蛸所交　踦巨綺

15.058　蛭蝚(zhìróu),至掌。

未詳。

蛭豬秩

15.059　國貉(guóhé),蟲蠁。

今呼蛹蟲爲蠁,《廣雅》云:"土蛹蠁蟲。"

15.060　蠼(wò),蚇蠖①。

今蜘蠋。

蠼於郭　蚇尺

15.061　果蠃(guǒluǒ)②,蒲盧。

即細腰蠭也,俗呼爲蠮螉。

15.062　螟蛉(mínglíng),桑蟲。

俗謂之桑蟃,亦曰戎女。

螟冥　蛉零

15.063　蝎(hé),桑蠹。

即蛣蛆。

15.064　熒火(yínghuǒ),即炤。

夜飛,腹下有火。

炤照

———————————

① 蚇,原譌作"版"。
② 蠃,《爾雅義疏》作"蠃"。

15.065　密肌(mìjī),繼英。

未詳。

15.066　蚅(è),烏蠋。

大蟲,如指,似蠶,見《韓子》。

蚅厄　蠋蜀

15.067　蠓(měng),蠛蠓。

小蟲,似蚋,喜亂飛。

蠓莫孔　蠛亡結

15.068　王(wáng),蚨蝪。

即蠈蟷,似鼅鼄,在穴中,有蓋。今河北人呼蚨蝪。

蚨大結　蝪湯

15.069　蟓(xiàng),桑繭。

食桑葉作繭者,即今蠶。

蟓象

15.070　雔由(chóuyóu):樗繭、食樗葉。棘繭、食棘葉。欒繭。

食欒葉。

雔讎

15.071　蚢(háng),蕭繭。

食蕭葉者,皆蠶類。

蚢杭

15.072　翥(zhù)醜鏬①。

────────────

① 鏬,《爾雅義疏》作"罅"。

剖母背而生。

蠹之庶　蟥呼暇

15.073　螽(zhōng)醜奮。

好奮迅作聲。

15.074　强(qiáng)醜捋。

以脚自摩捋。

15.075　蠭(fēng)醜螌。

垂其胦。

螌俞

15.076　蠅(yíng)醜扇。

好搖翅。

15.077　食苗心,螟(míng)。食葉,蟘(tè)。食節,賊(zéi)。
食根,蟊(máo)。

分別蟲啖食禾所在之名耳,皆見《詩》。

蟘特　蟊謀

15.078　有足謂之蟲(chóng),無足謂之豸(zhì)。

豸丈爾

釋魚第十六

16.001 鯉(lǐ)。

今赤鯉魚。

16.002 鱣(zhān)。

鱣,大魚,似鱏而短,鼻口在頜下,體有邪行甲,無鱗,肉黄,大者長二三丈。今江東呼爲黄魚。

鱣張連

16.003 鰋(yǎn)。

今鰋額白魚。

鰋偃

16.004 鮎(nián)。

别名鯷。江東通呼鮎爲鮧。

16.005 鱧(lǐ)。

鮦也。

16.006 鯇(huàn)。

今鱓魚[①],似鱒而大。

鯇華板

16.007 鯊(shā),鮀。

今吹沙小魚,體員而有點文。

---

① 鱓,《爾雅義疏》作“鯶”。

鮀陀

16.008　鮂(qiú),黑鰦。

即白儵,江東呼爲鮂。

鮂囚　鰦兹

16.009　鰼(xí),鰌。

今泥鰌。

鰼習　鰌秋

16.010　鰹(jiān),大鮦;小者鮵(duó)。

今青州呼小鱺爲鮵。

鰹堅　鮦同　鮵奪

16.011　魾(pī),大鱯;小者鮡(zhào)。

鱯似鮎而大,白色。

魾皮　鱯畫　鮡兆

16.012　鰝(hào),大鰕。

鰕大者,出海中,長二三丈,鬚長數尺。今青州呼鰕魚爲鰝。
音鄠鄗。

鰝浩　鰕霞

16.013　鯤(kūn),魚子。

凡魚之子,總名鯤。

16.014　鱀(jì),是鱁。

鱀,鱐屬也,體似鱘,尾如鮈魚,大腹,喙小鋭而長,齒羅生,上下相銜,鼻在額上①,能作聲,少肉多膏,胎生,健啖細魚,大者長丈餘,江中多有之。

黧忌

16.015　鼆(shéng),小魚。

《家語》曰:"其小者鼆魚也。"今江東亦呼魚子未成者爲鼆。音繩。

鼆承

16.016　鮥(luò),鮛鮪。

鮪,鱣屬也,大者名王鮪,小者名鮛鮪。今宜都郡自京門以上江中通出鱏鱣之魚,有一魚,狀似鱣而小,建平人呼鮥子,即此魚也。音洛。

鮥洛　鮛叔　鮪偉

16.017　鮂(jiù),當魱。

海魚也,似鯿而大鱗,肥美多鯁,今江東呼其最大長三尺者爲當魱。音胡。

鮂俱救　魱胡

16.018　鮤(liè),鱴刀。

今之鮆魚也,亦呼爲魛魚。

鮤列　鱴滅

16.019　鱊鮬(yùbù),鱖鯞。

小魚也,似鮒子而黑,俗呼爲魚婢,江東呼爲妾魚。

鱊聿　鮬步　鱖厥　鯞章西

---

① 上,《爾雅義疏》作"中"。

16.020　魚有力者,徽(huī)。

強大多力。

徽暉

16.021　魵(fén),鰕。

出穢邪頭國,見吕氏《字林》。

魵墳

16.022　鮅(bì),鱒。

似鱓子,赤眼。

鮅必　鱒才損

16.023　魴(fáng),魾。

江東呼魴魚爲鯿,一名魾,音毗。

魴房　魾毗

16.024　鯬(lí),鯠。

未詳。

鯬黎　鯠來

16.025　蜎(yuān),蠉。

井中小蛣蟩,赤蟲,一名子孑,《廣雅》云。

蜎狂兗　蠉香兗

16.026　蛭(zhì),蟣。

今江東呼水中蛭蟲入人肉者爲蟣。

蟣祈

16.027　科斗(kēdǒu),活東。

蝦蟆子。

16.028　魁陸(kuílù)。

《本草》云:"魁,狀如海蛤,員而厚,外有理縱橫。"即今之
蚶也。

16.029　蜪蚅(táoè)。

未詳。

16.030　黿醜(qùqiū),蟾諸;似蝦蟆,居陸地。淮南謂之去
蚊[1]。在水者黽(měng)。耿黽也,似青蛙,大腹。一名土鴨。

黿去　醜秋　蟾占　黽猛

16.031　蛘(bì),蠦。

今江東呼蚌長而狹者爲蠦。

蛘陛　蠦蒲猛

16.032　蚌(bàng),含漿。

蚌即蜃也。

16.033　鼈三足,能(nái)。

能奴來

16.034　龜三足,賁(fén)。

《山海經》曰:"從山多三足鼈,大苦山多三足龜。"今吳興
郡陽羨縣君山上有池,池中出三足鼈,又有六眼龜。

賁奔

————————

① 蚊,或作"蚑"。

16.035　蚹蠃(fùluó),蠋蝓。

即蝸牛也。

蚹附　蠃羅　蠋移　蝓俞

16.036　蠃(luó),小者蜬(hán)。

螺大者如斗,出日南漲海中,可以爲酒杯。

蜬含

16.037　蜎蠌(huázé),小者蟧(láo)。

螺屬,見《埤蒼》。或曰:即彭蜎也,似蟹而小。音滑。

蜎滑　蠌泽　蟧勞

16.038　蜃(shèn),小者珧(yáo)。

珧,玉珧,即小蚌。

珧遥

16.039　龜(guī),俯者靈(líng),行頭低。仰者謝(xiè)[①],行頭仰。前弇諸果(guǒ),甲前長。後弇諸獵(liè),甲後長。左倪不類(lèi),行頭左庳,今江東所謂左食者,以甲卜審。右倪不若(ruò)。行頭右庳,爲右食,甲形皆爾。

倪五計

16.040　貝(bèi):居陸,贆(biāo);在水者蜬(hán)。

水陸異名也。貝中肉如科斗,但有頭尾耳。

贆標

16.041　大者魧(háng),《書大傳》曰:"大貝如車渠。"車渠謂

_____

① 謝,或作"繹、射"。

車螯，即蚢屬。小者鱭(jì)。今細貝亦有紫色者，出日南。

蚢杭　　鱭積

16.042　玄貝(xuánbèi)，貽貝。

黑色貝也。

16.043　餘貾(yúchí)，黃白文。

以黃爲質，白爲文點。

貾池

16.044　餘泉(yúquán)，白黃文。

以白爲質，黃爲文點。今之紫貝以紫爲質，黑爲文點。

16.045　蚆(bā)，博而頯。

頯者，中央廣，兩頭銳。

蚆巴　　頯匡軌

16.046　蜠(jùn)，大而險。

險者，謂污薄。

蜠求隕

16.047　蟦(zé)，小而橢。

即上小貝。橢謂狹而長，此皆説貝之形容。

蟦責　　橢他果

16.048　蠑螈(róngyuán)，蜥蜴。

蠑榮　　螈原　　蜥昔　　蜴亦

16.049　蜥蜴(xīyì)，蝘蜓。

蝘偃　　蜓徒典

16.050　蝘蜓(yǎndiàn),守宮也。

転相解,博異語,別四名也。

16.051　蚨(dié),蠆。

蝮屬,大眼,最有毒,今淮南人呼蠆子。音惡。

蚨迭　蠆烏洛

16.052　螣(téng),螣蛇。

龍類也,能興雲霧而遊其中。淮南云蟒蛇。

螣朕

16.053　蟒(mǎng),王蛇。

蟒,蛇最大者,故曰王蛇。

蟒莽

16.054　蝮虺(fùhuǐ),博三寸,首大如擘。

身廣三寸,頭大如人擘指,此自一種蛇,名爲蝮虺。

擘柏

16.055　鯢(ní),大者謂之鰕(xiā)。

今鯢魚似鮎,四脚,前似獼猴,後似狗,聲如小兒啼,大者長八九尺。

16.056　魚枕謂之丁(dīng)。

枕在魚頭骨中,形似篆書丁字,可作印。

16.057　魚腸謂之乙(yǐ)。

16.058　魚尾謂之丙(bǐng)。

此皆似篆書字,因以名焉。《禮記》曰:"魚去乙。"然則魚之骨體盡似丙、丁之屬,因形名之。

16. 059　　一曰神龜(shénguī),龜之最神明。二曰靈龜(língguī),涪陵郡出大龜,甲可以卜,緣中文似瑇瑁,俗呼爲靈龜,即今觜蠵龜。一名靈蠵,能鳴。三曰攝龜(shèguī),小龜也,腹甲曲折,解能自張閉,好食蛇。江東呼爲陵龜。四曰寶龜(bǎoguī),《書》曰:“遺我大寶龜。”五曰文龜(wénguī),甲有文彩者,《河圖》曰:“靈龜負書,丹甲青文。”六曰筮龜(shìguī),常在蓍叢下潛伏,見《龜策傳》。七曰山龜(shānguī),八曰澤龜(zéguī),九曰水龜(shuǐguī),十曰火龜(huǒguī)。此皆説龜生之處所。火龜猶火鼠耳。物有含異氣者,不可以常理推,然亦無所怪。

攝報　筮誓

釋鳥第十七

17.001　隹其(zhuīqí)，鳺鶀。

今䳡鳩。

鳺方扶　鶀方浮

17.002　鶌鳩(juéjiū)，鶻鵃。

似山鵲而小，短尾，青黑色，多聲。今江東亦呼爲鶻鵃。

鶌居物　鶻骨　鵃嘲

17.003　鳲鳩(shījiū)，鴶鵴。

今之布穀也。江東呼爲穫穀。

鳲尸　鴶古八　鵴菊

17.004　鵖鳩(jíjiū)，鵧鷑。

小黑鳥，鳴自呼。江東名爲烏鵙[1]。

鵖及　鵧符悲

17.005　鴡鳩(jūjiū)，王鴡。

鵰類，今江東呼之爲鶚，好在江渚、山邊食魚。《毛詩傳》曰：
"鳥摯而有別[2]。"

鴡七徐

17.006　鴿(gé)，鴲鵅。

今江東呼䳠鸕爲鴲鵅，亦謂之鴿鵅。音格。

---

[1]　鵙，原作"鴞"，據《爾雅義疏》等改。

[2]　摯，《爾雅義疏》作"鷙"。

鴿格　鵁忌　鶋欺

17.007　鶅(zī)，鶝軌。

未詳。

鶝兔

17.008　鴗(lì)，天狗。

小鳥也，青似翠，食魚。江東呼爲水狗。

鴗立

17.009　鷚(móu)，天鸙。

大如鷃雀，色似鶉，好高飛作聲，今江東名之天鷚。音綢繆。

鷚亡侯　鸙藥

17.010　鵱鷜(lùlú)，鵝。

今之野鵝。

鵱六　鷜力于

17.011　鶬(cāng)，麋鴰。

今呼鶬鴰。

鴰古活

17.012　鵅(luò)，烏鸔。

水鳥也，似鶂而短頸，腹、翅紫白，背上綠色，江東呼烏鸔。音駮。

鵅洛　鸔剥

17.013　舒鴈(shūyàn)，鵝。

《禮記》曰："出如舒鴈。"今江東呼鴚。音加。

17.014 舒鳧(shūfú),鶩。

鴨也。

鶩木

17.015 鳽(é),鵁鶄。

似鳧,脚高,毛冠。江東人家養之,以厭火災。

鳽額 鵁交 鶄精

17.016 輿(yú)[1],鵛鷋。

未詳。

鵛經 鷋徒

17.017 鵜(tí),鴮鸅。

今之鵜鶘也,好群飛,沈水食魚,故名洿澤。俗呼之爲淘河。

鵜啼 鴮烏 鸅澤

17.018 鶾(hàn),天雞。

鶾雞,赤羽,《逸周書》曰:"文鶾若彩雞。成王時,蜀人獻之。"

鶾汗

17.019 鷽(wò),山鵲。

似鵲而有文彩,長尾,觜、脚赤。

鷽握

17.020 鷣(yín),負雀。

鷣,鷂也,江南呼之爲鷣,善捉雀,因名云。音淫。

鷣淫

---

① 輿,《爾雅義疏》作"與"。或作"鷽"。

17.021   齧齒(nièchǐ),艾。

未詳。

17.022   鶨(chuàn),䳺老。

鳺鶨也[1],俗呼爲癡鳥。

鶨丑絹   鳺巨炎

17.023   鳸(hù),鴳。

今鴳雀。

鳸户   鴳晏

17.024   桑鳸(sānghù),竊脂。

俗謂之青雀,觜曲,食肉,好盜脂膏,因名云。

17.025   鵰鶹(diāoliáo),剖葦。

好剖葦皮,食其中蟲,因名云。江東呼蘆虎,似雀,青班,長尾。

鶹力彫

17.026   桃蟲(táochóng),鷦;其雌,鴱(ài)。

鷦鷯,桃雀也,俗呼爲巧婦。

鴱艾

17.027   鷗(yǎn),鳳;其雌,皇(huáng)。

瑞應鳥,雞頭,蛇頸,燕頷,龜背,魚尾,五彩色,其高六尺許。

17.028   鶺鴒(jílíng),雝渠。

---

[1] 鳺,原譌作"鳺"。

雀屬也,飛則鳴,行則摇。

17.029　鷃斯(yùsī),鵯鶋。

雅烏也,小而多群,腹下白,江東亦呼爲鵯烏。音匹。

鷃預　鵯匹

17.030　燕(yàn),白脰烏。

脰,頸。

脰豆

17.031　鴽(rú),鴾母。

鵪也[1],青州呼鴾母。

鴽如　鴾謀

17.032　密肌(mìjī),繫英。

《釋蟲》以有此名[2],疑誤重。

17.033　巂周(guīzhōu)。

子巂鳥,出蜀中。

巂攜

17.034　燕燕(yànyàn),鳦。

《詩》云:"燕燕于飛。"一名玄鳥,齊人呼鳦。

鳦乙

17.035　鴟鴞(chīxiāo/yáo),鸋鴂。

鴟類。

_____

① 鵪,原作"鶉",據《爾雅義疏》等改。
② 以,《爾雅義疏》作"已"。

鷗尺之　鴉遙　鸀寧　鵁決

17.036　狂(kuáng)，茅鴟、今鵂鴟也，似鷹而白。怪鴟。即鴟鵂也，見《廣雅》。今江東通呼此屬爲怪鳥。

17.037　梟(xiāo / jiāo)，鴟。
土梟。
梟嬌

17.038　鶺(jiē)，劉疾。
未詳。
鶺皆

17.039　生哺，鷇(kòu)。
鳥子須母食之。
鷇古候

17.040　生噣，雛(chú)。
能自食。
噣啄　雛仕俱

17.041　爰居(yuánjū)，雜縣。
《國語》曰："海鳥爰居。"漢元帝時，琅邪有大鳥如馬駒，時人謂之爰居。
縣玄

17.042　春鳸(chūnhù)，鳻鶞。夏鳸(xiàhù)，竊玄。秋鳸(qiūhù)，竊藍。冬鳸(dōnghù)，竊黃。桑鳸(sānghù)，竊脂。棘鳸(jíhù)，竊丹。行鳸(xínghù)，唶唶。宵鳸

(xiāohù),嘖嘖。

諸鵙皆因其毛色、音聲以爲名。竊藍,青色。

鴗汾　鶌扐倫　喈卽　嘖責

17.043　鶝鴔(bīfú),戴鵀。

鵀即頭上勝,今亦呼爲戴勝。鶝鴔猶鵓鳩,語聲轉耳。

鶝皮及　鵀女金

17.044　鴋(fǎng),澤虞。

今婟澤鳥,似水鴞,蒼黑色,常在澤中,見人輒鳴喚不去,有象主守之官,因名云。俗呼爲護田鳥。

鴋孚往

17.045　鷀(cí),鷧。

即鸕鷀也,觜頭曲如鈎,食魚。

鷀慈　鷧於計

17.046　鷚(liáo),鷄;其雄,鶛(jiē);牝,痺(pí)。

鵹[1],鷄屬。

痺脾

17.047　鸍(shī),沈鳧。

似鴨而小,長尾,背上有文,今江東亦呼爲鸍。音施。

鸍施

17.048　鴢(yǎo),頭鵁。

似鳧,脚近尾,略不能行,江東謂之魚鵁。音髐箭。

————————

① 鵹,《爾雅義疏》作"鷚",當是。

鵂捌　鶏許交

17.049　鷄鳩(duòjiū)，寇雉。

鷄，大如鴿，似雌雉，鼠脚，無後指，岐尾，爲鳥愍急，群飛，出北方沙漠地。

鷄丁刮

17.050　萑(huán)，老鵵。

木兔也，似鴟鵂而小，兔頭，有角，毛脚，夜飛，好食鷄。

萑九

17.051　鷄鵑(túhú)，鳥。

似雉，青身，白頭。

鷄突　鵑胡

17.052　狂(kuáng)，�鳥。

狂鳥，五色，有冠，見《山海經》。

17.053　皇(huáng)，黄鳥。

俗呼黄離留，亦名摶黍①。

17.054　翠(cuì)，鷸。

似燕，紺色，生鬱林。

鷸聿

17.055　鸋(zhuó)，山烏。

似烏而小，赤觜，穴乳，出西方。

鸋濁

---

① 摶黍，《爾雅義疏》作"摶黍"。

17.056 蝙蝠(biānfú),服翼。

齊人呼爲蟙蟔,或謂之仙鼠。

17.057 晨風(chénfēng),鸇。

鷂屬,《詩》曰:"鴥彼晨風。"

鸇之然

17.058 鷣(yáng),白鷢。

似鷹,尾上白。

鷢巨月

17.059 寇雉(kòuzhì),泆泆。

即雊鵒也。

17.060 鷏(tián),蟁母。

似烏鶪而大,黃白雜文,鳴如鴿聲。今江東呼爲蚊母,俗說
此鳥常吐蚊,故以名云。

鷏田 蟁文

17.061 鷉(tī),須贏。

鷉,鴆鷉,似鳧而小,膏中瑩刀。

鷉梯 贏螺

17.062 鼯鼠(wúshǔ),夷由。

狀如小狐,似蝙蝠,肉翅,翅尾、項脅毛紫赤色,背上蒼艾
色,腹下黃,喙頷雜白,腳短,爪長,尾三尺許,飛且乳,亦謂之飛
生。聲如人呼,食火煙,能從高赴下,不能從下上高。

鼯吾

17.063 倉庚(cānggēng),商庚。
即鶬黃也。

17.064 鴩(dié),鵏鴃。
未詳。

鴩大結　鵏步　鴃跂

17.065 鷹(yīng),鶆鳩。
鶆,當爲"鷞"字之誤耳,《左傳》作"鷞鳩",是也。

鶆來

17.066 鶼鶼(jiānjiān),比翼。
説已在上。

17.067 鵹黃(líhuáng),楚雀。
即倉庚也。

鵹離

17.068 鴷(liè),斲木。
口如錐,長數寸,常斲樹食蟲,因名云。

鴷列

17.069 鶾(jī),鶀鶊。
似烏,蒼白色。

鶾激　鶀唐　鶊徒

17.070 鸕(lú),諸雉。
未詳。或云即今雉。

17.071 鷺(lù),舂鉏。

白鷺也,頭、翅、背上皆有長翰毛,今江東人取以爲睫欐,名之曰白鷺縗。

鉏鋤

17.072 鷂雉(yáozhì)。

青質,五彩。

鷂遙

17.073 鷮雉(jiāozhì)。

即鷮雞也,長尾,走且鳴。

鷮驕

17.074 鳪雉(búzhì)。

黄色,鳴自呼。

鳪卜

17.075 鷩雉(bìzhì)。

似山雞而小,冠、背毛黄,腹下赤,項緑[①],色鮮明。

17.076 秩秩(zhìzhì),海雉。

如雉而黑,在海中山上。

17.077 鸐(dí),山雉。

長尾者。

鸐狄

17.078 翰雉(hànzhì),鵫雉。

① 項,《爾雅義疏》作“頂”。

今白鷳也。江東呼白鵫,亦名白雉。

鷳汗　鵫丁罩

17.079　雉絕有力,奮(fèn)。

最健鬭。

17.080　伊洛而南,素質、五采皆備成章曰翬(huī)。

翬亦雉屬,言其毛色光鮮。

翬暉

17.081　江淮而南,青質、五采皆備成章曰鷂(yáo)。

即鷂雉也。

17.082　南方曰翿(chóu),東方曰鶅(zī),北方曰鵗(xī),西方曰鷷(zūn)。

説四方雉之名。

翿儔　鶅緇　鵗希　鷷遵

17.083　鳥鼠同穴,其鳥為鵌(tú),其鼠為鼵(tū)。

鼵如人家鼠而短尾,鵌似鵽而小,黃黑色,入地三四尺,鼠在內,鳥在外,今在隴西首陽縣鳥鼠同穴山中。孔氏《尚書傳》云:“共為雄雌。”張氏《地理記》云:“不為牝牡。”

鵌徒　鼵突

17.084　鶠鷻(huāntuán),鷇鶉,如鵲,短尾,射之,銜矢射人。

或説曰:鶠鷻,鷇鶉。一名墮羿。

鶠歡　鷻團　鷇福　鶉柔　射食亦

17.085　鵲鵙醜,其飛也翪(zōng)。

竦翅上下。

鵙工役　翪宗

17.086　鳶烏醜,其飛也翔(xiáng)。

布翅翱翔。

鳶玄

17.087　鷹隼醜,其飛也翬(huī)。

鼓翅翬翬然疾。

17.088　鳧鴈醜,其足蹼(pǔ),脚指間有幕蹼屬相著。其踵
企(qǐ)。飛却伸其脚跟企直[①]。

蹼卜

17.089　烏鵲醜,其掌縮(suō)。

飛縮脚腹下。

17.090　亢(háng),鳥嚨,嚨謂喉嚨,亢即咽。其粻,嗉(sù)。

嗉者,受食之處,別名嗉。今江東呼粻。

亢户郎　嗉素

17.091　鶉子,鳼(wén)。

鳼文

17.092　鴽子,鸋(níng)。

別鷃、鶉雛之名。

───────────

① 却,《爾雅義疏》作"即"。

17.093　雉之暮子爲鷚(liù)。

晚生者，今呼少雞爲鷚。

鷚力救

17.094　鳥之雌雄不可別者，以翼右掩左，雄(xióng)；左掩
右，雌(cí)。

別彼列

17.095　鳥少美長醜爲鶹鷅(liúlì)。

鶹鷅猶留離，《詩》所謂“留離之子”。

長丁丈　鶹留　鷅栗

17.096　二足而羽謂之禽(qín)，四足而毛謂之獸(shòu)。

17.097　鶪(jú)，伯勞也。

似鶹鷅而大，《左傳》曰：“伯趙。”是。

17.098　倉庚(cānggēng)，黧黃也。

其色黧黑而黃，因以名云。

黧力知

釋獸第十八

18.001　麋(mí):牡,麠(jiù);牝,麎(chén);其子,麇(ǎo);《國語》曰:"獸長麛麇。"其跡,躔(chán);腳所踐處。絕有力,狄(dí)。

麠咎　麎辰　麇於兆

18.002　鹿(lù):牡,麚(jiā);牝,麀(yōu);其子,麛(mí);其跡,速(sù);絕有力,麉(jiān)。

麚加　麀於牛　麛迷　麉堅

18.003　麕(jūn):牡,麌(yǔ);《詩》曰:"麀鹿麌麌。"鄭康成解即謂此也,但重言耳。牝,麜(lì);其子,麆(zhù);其跡,解(xiè);絕有力,豜(yàn)。

麕君　麌魚矩　麜栗　麆助　豜五見

18.004　狼(láng):牡,貛(huān);牝,狼(láng);其子,獥(xí);絕有力,迅(xùn)。

獥亦

18.005　兔子,嬎(fù);俗呼曰鸗。其跡,迒(háng);絕有力,欣(xīn)。

嬎芳萬　迒剛

18.006　豕子,豬(zhū)。

今亦曰彘,江東呼豨,皆通名。

18.007　䝔(wéi),貗。

俗呼小豴豬爲豬子。

豬偉　豴壎

18.008　幺(yāo),幼。

最後生者,俗呼爲幺豚。

幺腰

18.009　奏者,豱(wēn)。

今豱豬,短頭,皮理腠蹙。

奏凑　豱温

18.010　豕生三,豵(zōng);二,師(shī);一,特(tè)。

豬生子常多,故別其少者之名。

豵宗

18.011　所寢,橧(zēng)。

橧,其所臥蓐。

橧繒

18.012　四豴皆白①,豥(gāi)。

《詩》云:"有豕白蹢。"蹢,蹄也。

豴滴　豥垓

18.013　其跡,刻(kè);絕有力,豟(è)。

即豕高五尺者。

豟厄

────────────

① 豴,《爾雅義疏》作"蹢"。

18.014　牝,豝(bā)。

《詩》云:"一發五豝。"

豝巴

18.015　虎竊毛謂之虦貓(zhànmāo)。

竊,淺也。《詩》曰:"有貓有虎。"

虦棧　貓苗

18.016　貘(mò),白豹。

似熊,小頭,庳脚,黑白駁,能舐食銅鐵及竹,骨節强直,中實少髓,皮辟濕,或曰豹白色者別名貘。

貘陌

18.017　甝(hán),白虎。

漢宣帝時,南郡獲白虎,獻其皮、骨、爪、牙。

甝含

18.018　虪(shù),黑虎。

晉永嘉四年,建平秭歸縣檻得之,狀如小虎而黑,毛深者爲班。《山海經》云:"幽都山多玄虎、玄豹。"

虪式六

18.019　豾(nà),無前足。

晉太康七年,召陵扶夷縣檻得一獸,似狗,豹文,有角,兩脚,即此種類也。或説:豾似虎而黑,無前兩足。

豾尼滑

18.020　鼳(jú),鼠身長須而賊,秦人謂之小驢。

鼳,似鼠而馬蹄,一歲千斤,爲物殘賊。

䫏古役

18.021　熊虎醜,其子,狗(gǒu);絶有力,麙(yán)。

《律》曰:"捕虎一,購錢三千①,其狗半之。"

麙嚴

18.022　貍子,隸(sì)。

今或呼狂貍。

貄曳

18.023　貀子,貆(huán)。

其雌者名貍,今江東呼貉爲貀貄。

貀乎各　貆丸

18.024　貒子,貗(jù)。

貒豚也,一名貛。

貒湍　貗其禹

18.025　貔(pí),白狐;其子,豰(hù)。

一名執夷,虎豹之屬。

貔毗　豰朴

18.026　麝父(shèfù),麕足。

脚似麕,有香。

父甫

18.027　豺(chái),狗足。

───────────

① 三,《爾雅義疏》作"五"。

脚似狗。

18.028　貙獌(chūmàn),似貍。

今山民呼貙虎之大者爲貙豻。音岸。

貙樞　獌萬

18.029　羆(pí),如熊,黄白文。

似熊而長頭[①],高脚,猛憨多力,能拔樹木,關西呼曰貑羆。

18.030　麢(líng),大羊。

麢羊似羊而大,角員鋭,好在山崖間。

麢零

18.031　麔(jīng),大麃,牛尾,一角。

漢武帝郊雍,得一角獸,若麃然,謂之麟者,此是也。麃
即麞。

麔京　麃炮

18.032　麕(jǐ),大麔,旄毛,狗足。

旄毛獂長。

麕几　旄帽

18.033　魋(tuí),如小熊,竊毛而黄。

今建平山中有此獸,狀如熊而小,毛廳淺赤黄色,俗呼爲赤
熊,即魋也。

魋穨

---

① 頭,阮元認爲當作"頸"。

18.034 猰貐(yàyǔ),類貙,虎爪,食人,迅走。

迅,疾。

猰烏八 貐羊主

18.035 狻麑(suānní),如虦貓,食虎豹。

即師子也,出西域。漢順帝時,疏勒王來獻犎牛及師子。《穆天子傳》曰:"狻猊日走五百里。"

18.036 驨(xí),如馬,一角;不角者,騏(qí)。

元康八年,九真郡獵得一獸,大如馬,一角,角如鹿茸,此即驨也。今深山中人時或見之,亦有無角者。

驨胡圭

18.037 羱(yuán),如羊。

羱羊,似吳羊而大角,角橢,出西方。

羱元

18.038 麐(lín),麕身,牛尾,一角。

角頭有肉,《公羊傳》曰:"有麐而角。"

麐鄰

18.039 猶(yóu),如麂,善登木。

健上樹。

麂几

18.040 貄(sì),脩毫。

毫毛長。

貄四

18.041　貙(chū),似貍。

今貙虎也,大如狗,文如貍。

18.042　兕(sì),似牛。

一角,青色,重千斤。

18.043　犀(xī),似豕。

形似水牛,豬頭,大腹,庳脚,脚有三蹄,黑色,三角,一在頂上,一在額上,一在鼻上,鼻上者即食角也,小而不橢,好食棘,亦有一角者。

18.044　彙(wèi),毛刺。

今蝟,狀似鼠。

彙謂　刺次

18.045　狒狒(fèifèi),如人,被髮,迅走,食人。

梟羊也,《山海經》曰:“其狀如人,面長,脣黑,身有毛,反踵[1],見人則笑。交廣及南康郡山中亦有此物,大者長丈許。俗呼之曰山都。”

狒費　被備

18.046　貍、狐、貒、貐醜,其足,蹯(fán);皆有掌蹯。其跡,内(róu)。内,指頭處。

蹯煩　内鈕

18.047　蒙頌(méngsòng),猱狀。

即蒙貴也,狀如蜼而小,紫黑色,可畜,健捕鼠,勝於貓。九

_____

① 反,《爾雅義疏》作“反”。

真、日南皆出之。猱亦獼猴之類。

猱奴刀

18.048　猱(náo),蝯,善援。

便攀援。

蝯袁

18.049　玃父(juéfù),善顧。

貜玃也,似獼猴而大,色蒼黑,能玃持人,好顧盼。

玃躩　父甫

18.050　威夷(wēiyí),長脊而泥。

泥,少才力。

泥奴細

18.051　麚(jiù)、麚(jiā),短脰。

脰,項。

18.052　贙(xuàn),有力。

出西海,大秦國有養者,似狗,多力,獷惡。

贙鉉

18.053　貗(jù),迅頭。

今建平山中有貗,大如狗,似獼猴,黃黑色,多髯鬣,好奮迅其頭[1],能舉石擿人,玃類也。

貗據

---

[1]　好,原誤作"如"。

18.054　蜼(lěi),卬鼻而長尾。

　　蜼,似獼猴而大,黃黑色,尾長數尺,似獺,尾末有岐,鼻露向上,雨即自縣於樹,以尾塞鼻,或以兩指。江東人亦取養之。爲物捷健。

　　蜼誄

18.055　時(shí),善乘領。

　　好登山峰。

　　乘承

18.056　猩猩(xīngxīng),小而好啼。

　　《山海經》曰:"人面,豕身,能言語。"今交阯封谿縣出猩猩,狀獾狚,聲似小兒啼。

18.057　闕洩(quèxiè),多狃。

　　説者云脚饒指,未詳。

　　闕其越　狃鈕

——18.(1)**寓屬**(yùshǔ)

18.058　鼢鼠(fénshǔ)。

　　地中行者。

　　鼢憤

18.059　鼸鼠(xiànshǔ)。

　　以頰裹藏食。

　　鼸胡忝

18.060　䶄鼠(xīshǔ)。

有螫毒者。

貚奚

18.061　鼳鼠(sīshǔ)。

《夏小正》曰:"鼳鼬則穴。"

鼳斯

18.062　鼬鼠(yòushǔ)。

今鼬似貂,赤黄色,大尾,啖鼠,江東呼爲鼪。音牲。

鼬佑

18.063　鼩鼠(qúshǔ)。

小鼱鼩也,亦名蹶鼩。

鼩劬

18.064　鼥鼠(shíshǔ)。

未詳。

鼥時

18.065　鼢鼠(fèishǔ)。

《山海經》説獸云:"狀如鼢鼠。"然形則未詳。

鼢吠

18.066　鼫鼠(shíshǔ)。

形大如鼠,頭似兔,尾有毛,青黄色,好在田中食粟豆,關西呼爲鼩鼠[1],見《廣雅》,音瞿。

鼫石

————————

[1]　鼩,《爾雅義疏》作"鼩"。

18.067　鼣鼠(wénshǔ)。鼨鼠(zhōngshǔ)。

皆未詳。

鼣問　鼨終

18.068　豹文,鼮鼠(tíngshǔ)。

鼠文彩如豹者。漢武帝時得此鼠,孝廉郎終軍知之,賜絹百匹。

鼮廷

18.069　鼳鼠(xíshǔ)。

今江東山中有鼳鼠,狀如鼠而大,蒼色,在樹木上。音巫覡。

鼳古覓

——18.(2)鼠屬(shǔshǔ)

18.070　牛曰齝(chī)。

食之已久,復出嚼之。

齝丑之

18.071　羊曰齥(xiè)。

今江東呼齝爲齥。音漏洩。

齥泄

18.072　麋鹿曰齸(yì)。

江東名咽爲齸。齸者,齝食之所在,依名云。

齸益

18.073　鳥曰嗉(sù)。

咽中裹食處。

18.074　寓鼠曰嗛(qiǎn)。

頰裏貯食處。寓謂獼猴之類寄寓木上。

——18.（3）齸屬(yìshǔ)

18.075　獸曰釁(xìn)。

自奮釁。

釁許靳

18.076　人曰撟(jiǎo)。

頻伸夭撟。

撟紀小

18.077　魚曰須(xū)。

鼓鰓須息。

18.078　鳥曰臭(jú)。

張兩翅，皆氣體所須。

臭古置

——18.（4）須屬(xūshǔ)

釋畜第十九

19.001　騊駼(táotú)，馬。

《山海經》云："北海內有獸，狀如馬，名騊駼。"色青。

騊陶　駼徒

19.002　野馬(yěmǎ)。

如馬而小，出塞外。

19.003　駮(bó)，如馬，倨牙，食虎豹。

《山海經》云："有獸名駮，如白馬，黑尾，倨牙，音如鼓，食虎豹。"

倨鋸

19.004　騉蹄(kūntí)，趼，善陞甗。

甗，山形似甑，上大下小。騉蹄，蹄如趼而健上山。秦時有騉蹄苑。

騉昆　趼五見　甗言

19.005　騉駼(kūntú)，枝蹄趼，善陞甗。

騉駼，亦似馬而牛蹄。

19.006　小領，盜驪(dàolí)。

《穆天子傳》曰："天子之駿，盜驪、綠耳。"又曰："右服盜驪。"盜驪，千里馬。領，頸。

19.007　絕有力，駥(róng)。

即馬高八尺。

騔戎

19.008　膝上皆白,惟馵(zhù)。

馵注

19.009　四骹皆白,驓(céng)。

骹,膝下也。

骹敲　驓繒

19.010　四蹢皆白,首(shǒu)[1]。

俗呼爲踏雪馬。

19.011　前足皆白,騱(xí)。

騱奚

19.012　後足皆白,翑(qú)。

翑劬

19.013　前右足白,啟(qǐ)。《左傳》:"曰啟服。" 左白,踦(qī)。

前左脚白。

踦欺

19.014　後右足白,驤(xiāng);左白,馵(zhù)。

後左脚白,《易》曰:"震爲馵足。"

驤箱

19.015　騂馬白腹,騵(yuán)。

騂,赤色黑鬣。

————————

① 首,《爾雅義疏》作"騽"。

騎留　騔五官

19.016　驪馬白跨,騜(yù)。

驪,黑色。跨,髀閒。

騜聿

19.017　白州,驠(yàn)。

州,竅。

驠宴

19.018　尾本白,騴(yàn)。

尾株白。

騴晏

19.019　尾白,駺(láng)。

但尾毛白[1]。

駺郎

19.020　馰顙,白顛(báidiān)。

戴星馬也。

馰的

19.021　白達素,縣(xuán)。

素,鼻莖也,俗所謂漫髗徹齒。

縣玄

19.022　面顙皆白,惟駹(máng)。

---

[1]　但,原譌作“俱”。

顙,額。

駹尨

19.023　回毛在膺,宜乘(yíchéng)。

樊光云:"俗呼之官府馬。"伯樂《相馬法》:"旋毛在腹下如乳者,千里馬。"

19.024　在肘後,減陽(jiǎnyáng)。

減古湛

19.025　在幹,茀方(fúfāng)。

幹,脅。

19.026　在背,閲廣(juéguāng)。

皆別旋毛所在之名。

閲缺　廣光

19.027　逆毛,居駒(jūyǔn)。

馬毛逆刺。

駒宛

19.028　騋(lái),牝;驪(lí),牡。

《詩》云:"騋牝三千。"馬七尺已上爲騋,見《周禮》。

19.029　玄駒(xuánjū),褭驂。

玄駒,小馬,別名褭驂耳。或曰:此即腰褭,古之良馬名。

褭奴了　驂參

19.030　牡曰騭(zhì)。

今江東呼駁馬爲騭。音質。

19.031　牝曰騇(shè)。

　　草馬名。

　　騇舍

19.032　驪白,駁(bó);黄白,騜(huáng)。

　　《詩》曰:"騜駁其馬。"

19.033　騢馬黄脊,騝(qián);驪馬黄脊,騽(xí)。

　　皆背脊毛黄。

　　騝虔　騽習

19.034　青驪,駽(xuān)。

　　今之鐵驄。

　　駽呼縣

19.035　青驪驎,駝(tuó)。

　　色有深淺,班駁隱粼,今之連錢驄。

　　驎良忍　駝陀

19.036　青驪繁鬣,騥(róu)。

　　《禮記》曰:"周人黄馬繁鬣。"繁鬣,兩被毛。或云:美髦鬣。

　　鬣獵　騥柔

19.037　驪白雜毛,駂(bǎo)。

　　今之烏驄。

　　駂保

19.038　黄白雜毛,駓(pī)。

　　今之桃華馬。

駓皮

19.039　陰白雜毛,駰(yīn)。

陰,淺黑,今之泥驄。

駰乙巾

19.040　蒼白雜毛,騅(zhuī)。

《詩》曰:"有騅有駓。"

19.041　彤白雜毛,騢(xiá)。

即今之赭白馬。彤,赤。

騢遐

19.042　白馬黑鬣,駱(luò)。

《禮記》曰:"夏后氏駱馬黑鬣。"

19.043　白馬黑脣,駩(quán);黑喙,騧(guā)。

今之淺黃色者爲騧馬。

駩詮　喙許穢　騧瓜

19.044　一目白,瞷(xián);二目白,魚(yú)。

似魚目也,《詩》曰:"有驔有魚。"

瞷閑

**19.045　"既差我馬",差(chāi),擇也。宗廟齊毫,尚純。戎
事齊力,尚強。田獵齊足。尚疾。**

差叉

——19.(1)馬屬(mǎshǔ)

19.046　犘牛(mániú)。

出巴中，重千斤。

犘麻

19.047　犦牛(bóniú)。

即犎牛也，領上肉犦胅起，高二尺許，狀如橐駝，肉鞍一邊，健行者日三百餘里，今交州合浦徐聞縣出此牛。

犦雹

19.048　犤牛(píniú)。

犤牛，庳小，今之犤牛也。又呼果下牛，出廣州高涼郡。

犤悲

19.049　魏牛(wéiniú)[①]。

即犩牛也，如牛而大，肉數千斤，出蜀中。《山海經》曰："岷山多犩牛。"

犩危

19.050　犣牛(lièniú)。

旄牛也，髀、膝、尾皆有長毛。

犣獵

19.051　犝牛(tóngniú)。

今無角牛。

犝童

19.052　犉牛(júniú)。

———————————

① 魏，《爾雅義疏》作"犪"。

未詳。

愄古覓

19.053　角一俯一仰,觭(qī)。

牛角低仰。

觭欺

19.054　皆踊,觢(shì)。

今豎角牛。

觢誓

19.055　黑脣,犉(rún)。

《毛詩傳》曰:"黃牛黑脣。"此宜通謂黑脣牛。

犉閏旬

19.056　黑眥,牰(yòu)。

眼眥黑。

牰柚

19.057　黑耳,犚(wèi)。

犚尉

19.058　黑腹,牧(mù)。

19.059　黑脚,犈(quán)。

皆別牛黑所在之名。

犈權

19.060　其子,犢(dú)。

今青州呼犢爲 㹡。

19.061　體長,觪(bèi)。

長身者。

觪貝

19.062　絕有力,欣豭(xīnjiā)^①。

豭加

——19.（2）**牛屬**(niúshǔ)

19.063　羊(yáng)：牡,羒(fén)；謂吳羊白羝。牝,牂(zāng)。

《詩》曰："牂羊墳首。"

羒憤　牂臧

19.064　夏羊(xiàyáng)：黑羖䍽。牡,羭(yú)；黑羝也,歸藏曰：
"兩壺兩羭。"牝,羖(gǔ)。今人便以牂、羖爲白黑羊名。

羭俞　羖古

19.065　角不齊,觤(guǐ)。

一短一長。

觤鬼

19.066　角三觠,羷(xiǎn)。

觠角三匝。

觠權　羷險

19.067　播羊(fányáng),黃腹。

腹下黃。

---

① 郝懿行疑"欣"字衍。

　　　　　　　　　　　　　　　　播煩

19.068　未成羊，羜(zhù)。

俗呼五月羔爲羜。

羜直呂

19.069　絕有力，奮(fèn)。

——19.（3）羊屬(yángshǔ)

19.070　犬生三，猣(zōng)；二，師(shī)；一，玂(qí)。

此與豬生子義同，名亦相出入。

猣宗　玂祈

19.071　未成毫，狗(gǒu)。

狗子未生鞕毛者。

19.072　長喙，獫(xiǎn / liàn)；短喙，猲獢(xiēxiāo)。

《詩》曰："載獫猲獢。"

獫力驗　猲歇　獢虛嬌

19.073　絕有力，狣(zhào)。

狣兆

19.074　尨(máng)，狗也。

《詩》曰："無使尨也吠。"

——19.（4）狗屬(gǒushǔ)

19.075　雞，大者蜀(shǔ)。

今蜀雞。

19.076　蜀子,雓(yú)。

雛子名。

雓餘

19.077　未成雞,健(liàn)。

今江東呼雞少者曰健。音練也。

健練

19.078　絕有力,奮(fèn)。

諸物有氣力多者,無不健自奮迅,故皆以名云。

—— 19.（5）雞屬(jīshǔ)

19.079　馬八尺爲駥(róng)。

《周禮》云:"馬八尺已上爲駥。"

駥戎

19.080　牛七尺爲犉(rún)。

《詩》曰:"九十其犉。"亦見《尸子》。

犉閏旬

19.081　羊六尺爲羬(yán)。

《尸子》曰:"大羊爲羬,六尺。"

羬五咸

19.082　彘五尺爲豟(è)。

《尸子》曰:"大豕爲豟,五尺。"今漁陽呼猪大者爲豟。

豟滯　豟厄

19.083　狗四尺爲獒(áo)。

《公羊傳》曰:"靈公有害狗,謂之獒也。"《尚書》孔氏傳曰:"犬高四尺曰獒。"即此義。

獒五刀

19.084　雞三尺爲鶤(kūn)。

陽溝巨鶤,古之名雞。

鶤昆

——19.(5)六畜(liùchù)

爾雅卷下　經三千一百一十三字,注七千八百九十字

音序索引

瀺　　12.014

chāng

昌　　1.123

　昌丘　10.014

cháng

長楚　13.201

常棣　14.082

場　　5.053

嘗　　1.084

　　　8.070

cháo

巢　　7.006

chēn

琛　　2.086

綝　　1.008

chén

陳　　5.051

晨　　1.086

　晨風　17.057

煁　　2.116

塵　　1.128

諶　　1.020

　　　1.021

麎　　18.001

chǎn

稱　　2.100

摌　　14.061

chēng

偁　　2.099

　偁偁　3.022

禎　　6.093

樫　　14.027

chéng

盛　　11.012

棦丘　10.002

誠　　1.020

chī

鴟鴞　17.035

鴟　　18.070

chí

弛　　1.113

坻　　12.028

蚔　　15.047

藜　　2.295

遲遲　3.025

chǐ

誃　　2.002

chì

赤　　13.161

赤奮若　8.019

敕　　1.079

淔　　13.043

熾　　2.186

饎　　3.086

chōng

忡忡　3.045

傭　　2.108

罿　　6.020

chóng

重光　8.018

崇　　1.043

　　　1.044

　　　1.066

崇期　5.061

蟲　　15.078

爞爞　3.039

chōu

妯　　1.143

chóu

雿　　17.082

酬　　1.116

雔由　15.070

疇　　1.061

儔　　1.027

chǒu

醜　　1.073

chū

出　　4.030

　出隧　13.092

初　　1.001

貙　　18.041

　貙獌　18.028

chú

著雍　8.018

雛　　17.040

chǔ

潡　　12.014

chù

俶　　1.001

　　　1.124

琡　　6.087

chuán

遄　　1.070

　　　1.071

傳　　5.023

chuàn

鶨　　17.022

chuí

垂　　13.140

chūn

春鳸　17.042

chún

純　　1.003

渻　　10.028

chǔn

蠢　　1.124

　　　1.143

　　　3.089

chuò

啜　　2.050

惙惙　3.045

綽綽　3.031

輟　　1.189

cī

疵　　1.077

cí

茨　　13.094

祠　　1.084

　　　8.070

雌　　17.094

鷀　　17.045

cǐ

此仳　3.042

cì

次畫　15.048

刺　　1.047

茦　　13.198

錫　　1.007

cōng

葱　　6.094

樅　　14.094

cóng

從　　1.013

　　　1.066

憖　　2.252

蜚	15.002	楓	14.039

fěi—gēng

蜚　15.002

fèi
芾　2.286
狒狒　18.045
厞　2.026
跰　2.264
廢　1.003
　　1.139
猵鼠　18.065
蟦　15.054
橃　14.008

fēn
饙　2.039

fén
粉　19.063
蕡　16.034
墳　1.003
　　10.033
蕢　14.074
鈖　16.021
濆　12.014
　　12.017
豮鼠　18.058
蕡　7.004
黂　13.106

fèn
分　6.022
僨　2.195
奮　17.079
　　19.069
　　19.078
瀵　12.012

fēng
風雨　8.(8)

楓　14.039
蠭　15.075

féng
逢　1.095
　　1.096
　　1.097

fǒu
缶　6.004

fū
荂　13.212
　　13.213

fú
弗　1.154
茀苢　13.203
孚　1.020
苻　13.050
　　13.082
茀方　19.025
服　1.041
　　2.217
洑　12.023
俘　1.171
袚　1.083
浮沈　8.072
桴　5.027
箅　6.040
烰烰　3.055
緋　12.022
蓄　13.054
　　13.075
罦　6.020
蜉蝣　15.014
黻　2.057

fǔ
甫　1.003
　　1.050
輔　1.121
　　14.031
黼　2.057
　　6.096

fù
阜　9.040
赴　1.005
負丘　10.020
袝　1.179
副　1.144
蚹蠃　16.035
婦　4.033
　　4.037
傅　13.124
　　15.040
皇螽　15.026
復　2.004
復胙　8.078
腹　1.092
覆　13.141
賦　2.120
蝮虺　16.054
嬔　18.005
覆　1.144
覆鬴　12.030

G

gāi
荄　13.223
峐　11.020
孩　18.012

gài
蓋　2.062

gān
干　2.045

gàn
干　2.262

gāng
岡　11.009

gāo
皋　8.026
皋皋　3.070
高祖王父　4.004
高祖王姑　4.018
高祖王母　4.004

gào
告　2.008
誥　1.033
　　2.053

gē
割　2.062

gé
革　6.045
荅　13.002
格　1.005
　　1.130
　　2.010
格格　3.022
鬲津　12.030
閣　5.042
閤　5.019
鴿　17.006

gēng
賡　1.178
羹　6.053

háng		hè		嫵	1.003	huà	
亢	17.090	和	7.014		1.004	華	11.001
行	5.053	赫赫	3.030		2.019	畫	2.132
芫	13.207	赫兮烜兮	3.093	hú		畫丘	10.012
远	18.005	熇	1.072	胡丘	10.005	話	1.094
杭	15.071	謞謞	3.073	胡蘇	12.030	huái	
航	16.041	hén		壺棗	14.050	槐	14.068
hāo		鞎	6.040	螜	15.001	懷	1.005
蒿	13.013	héng		觷	2.270		1.082
	13.211	恒	1.016	鵠	6.075		1.103
háo			11.001	hǔ			2.010
號	2.156	衡	11.001	滸	10.032	櫰	14.066
	3.087	hōng			12.014	huài	
hào		烘	2.115		12.018	壞	1.036
昊天	8.003	薨	1.191	hù		薉	13.034
皓	1.059	薨薨	3.018	芐	13.183	huān	
薃侯	13.101	hóng		岵	11.020	貛	18.004
鰝	16.012	弘	1.003	怙	2.012	鸛鷒	17.084
hé		宏	1.003	祜	1.083	huán	
合	1.028	虹	2.198		1.092	峘	11.006
和	7.006	洪	1.003	瓠棲	13.022	桓桓	3.013
郃	1.026	紅	13.104	扈	11.004	萑	17.050
河	12.029	閎	5.043	鳸	17.023	貆	18.023
河壖	9.023		5.047	毃	18.025	還	2.004
河曲	12.(3)	鴻	1.133	huā		環	6.091
曷	2.197	hóu		荂	13.226	huàn	
盍	1.026	侯	1.002	華	2.298	逭	2.258
荷	13.103		1.146		13.220	鯇	16.006
核	14.104	鍭	6.082		13.225	huāng	
敆	1.026	餱	2.042		13.226	荒	2.007
涸	1.131	hòu			13.227		8.016
蝎	15.011	后	1.002		14.105	huáng	
	15.063	hū		huá		皇	1.002
翮	6.066	忽	1.067	蝴蟆	16.037		2.216

	13.153	嘒嘒 3.068	亟 1.070		1.105
	17.027	瘣木 14.073		1.071		1.106
	17.053	藱 13.040	疾 2.023		1.107
皇皇 1.062	簄 1.080	極 1.005	穧 1.160
黃髮 1.019	餯 6.046		8.025	瘠 1.077
偟 2.244	**hūn**	棘鬺 17.042	蕠莝 13.095
隍 1.072	昏 1.049	殛 2.220	瀾汋 12.002
	2.281		1.133	戢 1.069	鸄 16.014
葟 13.220	婚 4.038	集 2.126	繫 13.139
鍠鍠 3.058	婚兄弟 4.042	蒺藜 15.021	霽 8.046
驚 19.032	婚姻 4.040	檝 5.025	鰶 16.041
huī		4.(4)	踖踖 3.017	**jiā**
尯頯 1.077	**huǒ**	緝熙 1.059	加 1.066
揮 1.131	火龜 16.059	輯 1.063	加陵 9.021
楎 5.018	**huò**	鶝鴒 17.028	茄 13.103
翬 17.080	霍 11.016	鵖鳩 17.004	浹 2.083
	17.087	檴 14.013	**jǐ**	家 5.002
徽 1.008	**J**	濟濟 3.015	葭 13.216
	1.103	**jī**	嶜 18.032		13.218
徽 16.020	芨 13.136	**jì**	嘉 1.008
huí	基 1.001	既伯既禱 8.075		1.062
洄洄 3.037		1.015	既微且尰 3.095	麚 18.002
huǐ		2.076	徛 5.066		18.051
燬 2.239		2.077	祭名 8.(10)	**jiá**
檓 14.037	幾 1.088	際 1.157	戛 1.016
huì		1.182	曁 1.129		2.203
卉 13.031	齎 14.052		3.088	楔 14.044
晦 2.224	雞屬 19.(5)	冀州 9.001	**jiǎ**
	8.036	饑 8.014	劑 2.038	甲 2.166
惠 1.142	躋 1.130	濟 2.292	假 1.003
	2.018	鷺 17.069		2.292	椵 1.003
賄 2.165	**jí**		2.292	榎 14.068
會 1.026	及 1.129	績 1.030		14.068
	1.028	即 1.180		1.041	檟 14.083

jià

嫁 1.006

jiān

肩 1.045
1.046
1.124
肩 13.138
堅 1.060
蒹 13.217
監 1.099
靡 18.002
艱 1.161
瀸 12.001
殲 1.067
鶼鶼 9.034
17.066
鰹 16.010
蘵 13.137

jiǎn

柬 1.075
減陽 19.024
蹇 7.017
戩 1.083
翦 1.080
2.038
搴 13.077
檢 2.191
簡 1.003
12.030
簡簡 3.026

jiàn

荐 2.030
8.017
俴 2.176
袸 6.033
葥 13.009
13.129
間 1.133
閒 2.260
澗 11.025
薦 1.037
1.053
1.177
13.016
餞 1.054
濫泉 12.003

jiāng

將 1.003
2.040
2.253
2.269
疆 1.122

jiǎng

講武 8.(11)

jiàng

降 1.032
2.107

jiāo

交 5.029
郊 9.039
茭 13.041
梟 17.037
焦護 9.019
蕎 13.189
膠 1.060
簥 7.011
鷮雉 17.073

jiǎo

筊 7.010
撟 18.076
蟜蟜 3.012
蹻蹻 3.034

jiào

斠 7.008

jiē

接 1.157
揭 12.020
喈喈 3.064
嗟 1.126
藒苴 13.059
鶛 17.038
17.046

jié

劼 1.060
捷 1.045
袺 6.035
蛣蜣 15.010
節 7.021
楶 5.026
榤 5.022
蠽 15.006

jiè

介 1.003
1.008
1.057
玠 6.086
屆 2.230
界 1.121
悈 2.024
艐 1.005

jīn

斤斤 3.001
金石 9.027
津 8.052
矜 2.044
矜憐 3.115
筋角 9.030
襟 6.031

jǐn

饉 8.015

jìn

晉 1.053
藎 1.053
覲 1.098

jīng

京 1.003
10.006
京京 3.045
荊州 9.004
旌 8.086
旌旂 8.(12)
經 7.001
兢兢 3.007
螢 15.024
驚 1.076
麠 18.031

jǐng

景 1.003
景風 8.012

jìng

徑 12.016
葝 13.018
竫 1.015
1.154

競	2.054	**jū**		寠	2.073	晙	1.086
jiōng		且	8.026	瞿瞿	3.033	晙	2.061
坰	9.039	居居	3.040	貜	18.024	蜭	16.046
jiǒng		居駒	19.027	**juān**		駿	1.003
迥	1.034	砠	11.024	捐	6.042		1.042
	1.035	罝	6.016	蠲	2.094		1.071
熲	13.055	姆菁之口	8.059	**juǎn**		濬	2.212
熲	1.059	裾	6.032	卷施草	13.221		
	2.033	鵙鳩	17.005	菤耳	13.187	**K**	
jiū		鞠	1.100	**juàn**		**kāi**	
杺	14.097		2.020	藑	13.100	開	2.273
赳赳	3.014		2.049	**jué**		**kǎi**	
擎	1.069	鞠	2.043	桔	1.108	凱風	8.027
鳩	1.069	**jú**		厥	2.202	愷	1.011
jiǔ		局	2.134	較	1.108	愷悌	2.059
九府	9.(4)	臭	18.078	蕨	13.188	**kài**	
九河	12.(4)	淒梁	9.022	闋廣	19.026	愒	2.247
九罭	6.010	㹇牛	19.052	蠼	9.035	**kān**	
九州	9.(1)	橘	8.025	蹶	1.138	堪	1.045
jiù		蓻	13.132		1.143	戡	1.046
究	1.015	鶪	17.097	蹶洩	14.058	**kǎn**	
	2.043	鶪	18.020	鴃鳩	17.002	坎	2.101
究究	3.040	**jǔ**		攫	13.157		6.026
咎	1.077	沮丘	10.015	欐	13.224	坎坎	3.032
疚	1.077	矩	1.016	貜父	18.049	**kàn**	
救	6.021		1.017	**jūn**		衎	1.011
就	1.107	**jù**		均	1.111	**kāng**	
	1.190	具區	9.015	君姑	4.035	康	1.011
舅	4.024	柜	13.072	君舅	4.035		1.109
	4.035	虡	18.053	菌	13.163		1.110
鮈	16.017	虖	6.068	麏	18.003		2.118
麔	18.001	劇驂	5.060	**jùn**			5.058
	18.051	劇旁	5.056	郡	1.146	漮	1.072
		遽	2.006	莙	13.114	**kǎo**	
						考	1.107

謐 1.031

mián

蝒 15.007

緜馬 13.208

緜緜 3.051

瞑 2.272

miǎn

眄 1.048

miáo

苗 8.079

miǎo

篎 7.011

藐藐 1.062

3.036

miào

廟 5.067

miè

滅 1.067

1.145

mín

旻天 8.004

緡 2.293

mǐn

泯 1.067

敏 7.001

閔 1.077

暋 1.049

簢 13.173

黽没 1.048

míng

名 3.103

名丘 10.026

明 1.107

2.096

明明 3.001

冥 2.106

螟 15.077

螟蛉 15.062

覭髳 1.118

mìng

命 1.033

mó

磨 6.076

謨 1.015

1.093

mò

莫貈 15.032

嗼 1.185

貉 1.031

1.184

1.185

漠 1.015

2.065

瘼 1.077

藐 13.144

貘 18.016

蟔 15.035

móu

謀 2.149

鶜 17.009

mǔ

母黨 4.(2)

畮丘 10.022

mù

木蠹 15.053

牧 9.039

19.058

幕 2.185

慔慔 3.028

穆穆 1.062

3.003

N

nà

豽 18.019

nái

能 16.033

nǎi

乃立冢土 8.081

迺 1.146

nài

鼐 6.059

nán

南嶽 11.028

nǎn

戁 1.076

1.143

nǎng

曩 1.128

2.243

náo

猱 18.048

něi

餒 6.050

ní

尼 1.181

泥丘 10.004

秜 6.027

蜺 15.008

鯢 16.055

齯齒 1.019

臡 6.056

nǐ

苊 13.048

nì

尼 1.103

逆 2.070

匿 1.102

愵 1.082

2.140

暱 1.182

2.034

靳 2.200

nián

年 8.023

鮎 16.004

niàn

念 1.082

niè

枿 1.174

臬 5.018

篞 7.011

闑 5.045

孼孼 3.023

嚙 13.015

13.130

齧齒 17.021

钀 6.043

níng

冰 6.052

疑 2.022

寧 1.031

1.110

鸋 17.092

niú

牛屬 19.(2)

niǔ		pēng		piáo		Q	
狃	2.288	抨	1.165	瓢	7.009	**qī**	
杻	14.009	**pī**		**pín**		妻黨	4.(3)
莥	13.100	丕	1.003	嬪	4.043	萋萋	3.063
nòng		丕丕	3.026	蘋	13.116	戚施	3.111
弄	2.214	坯	11.002	**pìn**		悽悽	3.067
nuó		駓	19.038	聘	2.218	棲遲	1.140
那	1.025	魾	16.011	**pīng**		踦	19.013
	1.074	**pí**		甹夆	3.078	觭	19.053
nǚ		肶	1.092	**píng**		**qí**	
女公	4.036	毗劉	1.117	平	1.107	祁祁	3.025
女蘿	13.133	蚍蜉	15.045		1.111	岐旁	5.055
女妹	4.036	紕	2.091		9.040	恌恌	3.021
女桑	14.079	埤	1.092	苹	13.121	其虛其徐	3.102
O		痺	17.046	荓	13.039	祈	1.033
ōu		蜱蛸	15.020	萍	13.116		2.211
蕅	14.019	貔	18.025	馮河	3.109	疧	1.077
ǒu		羆牛	19.048	**pó**		耆	1.149
偶	1.026	羆	18.029	婆娑	3.113	旂	8.087
藕	13.103	**pǐ**		**pò**		祺	2.078
P		匹	1.026	魄	1.101		2.079
pán		圮	1.036		14.023	齊	1.070
般	1.011		2.029	**póu**			2.001
páng		秠	13.073	裒	1.069		2.023
蒡	13.088	**pì**			1.074	藄	13.180
pāo		甓	5.048	**pū**		鮨	6.054
藨	13.193	**piān**		痡	1.077	懠	2.135
páo		萹	13.112	**pú**		騏	18.036
袍	2.274	**pián**		樸	14.062	蘄茞	13.093
péi		便便	3.004	纀	6.039	蟣	1.089
陪	2.117	**piàn**		**pǔ**		獢	19.070
pèi		辨	6.102	圃田	9.018	**qǐ**	
芾	13.166	**piāo**		溥	1.003	芑	13.071
旆	8.085	飘	8.031	蹼	17.088	企	17.088

杞　　14.035

启明　8.067

啟　　2.271
　　　19.013

qì

迄　　1.005

契　　1.145
　契契　3.065

訖　　1.103

棄　　2.147

甂　　6.006

憩　　1.140

蟿螽　15.029

磬　　1.067

qià

硈　　2.146

qiān

汧　　12.010
　　　12.015

牽牛　8.066

擎　　1.060
　　　1.092

僉　　1.148

搴　　13.210

遷　　1.135

謇　　2.021

qián

虔　　1.060

潀　　6.014

槧　　5.014

潛　　2.048
　　　2.048
　　　12.014
　潛丘　10.025

騝　　19.033

qiǎn

嗛　　18.074

qiāng

蹌蹌　3.008

qiáng

強　　2.109
　　　15.041
　　　15.074
　強圉　8.018

彊　　1.123

蘠蘼　13.111

qiǎng

強　　1.080

qiáo

莜　　13.079

喬　　1.043
　　　14.096
　　　14.097
　　　14.098
　　　14.101
　　　14.106

嶠　　11.004

翹翹　3.010

qiǎo

悄悄　3.043

qiē

切　　6.076

qiè

厒　　11.015

挈貳　8.038

藒車　13.147

qīn

欽　　1.085

欽欽　3.045

親同姓　4.009

qín

芹　　13.118

禽　　17.096

勤　　1.079

瘽　　1.077

䳡　　6.063

qǐn

梫　　14.024

寑　　5.068

螼蚓　15.031

qìn

檆　　13.006

qīng

青陽　8.006

qíng

勍　　13.003

qǐng

請　　1.033

qìng

磬　　1.067

qióng

邛　　1.079

穹　　1.003
　穹蒼　8.001

惸惸　3.045

qiū

丘　　10.007
　　　10.(1)

秋鳸　17.042

楸　　14.068

qiú

仇　　1.026

　　　1.027

仇仇　3.041

囚　　2.205

朹　　14.022

求　　1.190

俅　　2.112
　俅俅　3.056

酋　　1.190

萊　　14.103

梂　　14.042

璆　　6.077

璆琳琅玕
　　　9.029

蝤蠐　15.055

䲡　　16.008

qū

屈　　1.069

區　　6.065

椐　　14.026

趨　　5.064

qú

劬勞　1.077

狗　　19.012

蒟　　13.056

鼩鼠　18.063

篷篨　3.110

朣　　2.032

衢　　5.057

qù

黿鼀　16.030

quán

棬　　19.059

駩　　19.043

縓　　6.093

權	13.148	**rì**		**ruí**		**shàn**	
	14.030	駬	2.006	綾	1.030	汕	6.012
權輿	1.001	**róng**		**rún**		苫	6.071
罐	15.016	戎	1.003	犉	19.055	**shāng**	
quǎn			2.182		19.080	傷	1.081
沇	1.156	戎醜攸行		**ruò**		**shàng**	
蕍	13.219		8.081	若	1.008	上天	8.005
quàn		肜	8.078		2.018	上章	8.018
觠	6.103	榮	13.227		16.039	尚	1.057
què			14.085	**S**		蠰	15.012
觳	1.067	駥	19.007	**sǎ**		**shāo**	
闋	5.040		19.079	灑	7.002	梢	14.093
闋洩	18.057	融	1.042	**sāng**		**shào**	
礐	11.019	融丘	10.001	桑鳸	17.024	少姑	4.036
qūn		蠑螈	16.048		17.042	劭	1.048
逡	2.226	**róu**		**sāo**		紹	1.030
R		内	18.046	滫滫	3.054	**shē**	
rǎn		柔	1.110	騷	1.143	奢	1.045
熯	1.085	柔兆	8.018	**sǎo**		**shè**	
ráng		蝚	15.017	嫂	4.033	涉	12.020
儴	1.166	騥	19.036	**sè**		赦	1.139
穰穰	3.059	**rú**		瑟兮僴兮	3.092	慴	1.076
rén		如	1.006	塞	8.025	騇	19.031
壬	1.003		1.015	嗇	13.068	攝龜	16.059
	1.163		8.026	**shā**		攝提格	8.019
任	1.163	如切如磋		沙	12.014	麝父	18.026
rěn			3.090	沙丘	10.017	欇	14.034
荏菽	13.030	如琢如磨		殺	1.046	**shēn**	
réng			3.091	鯊	16.007	申	1.066
仍	1.092	茹	2.051	**shà**		身	1.050
	1.146	茹蘆	13.023	翣	1.157		2.058
	1.166	孺	2.184	**shān**		柛	14.088
仍孫	4.016	駕	17.031	山龜	16.059	娠	1.143
				煽	2.186	深	2.048

1.010
1.037
shuò
朔 3.079
碩 1.003
數 1.070
鑠 1.062
sī
私 4.029
斯 1.125
2.002
蟴螽 15.028
榹桃 14.046
禠 1.083
鼶鼠 18.061
sì
四瀆 12.027
四海 9.047
四荒 9.046
四極 9.045
9.(7)
四時 8.(1)
汜 10.035
12.015
兕 18.042
祀 1.084
8.022
姒 4.032
娰婦 4.034
竢 1.087
肆 1.090
1.091
2.111
嗣 1.030
貄 18.040
𧳜 18.022
sōng
崧 11.003
嵩 1.043
sǒng
竦 1.076
sōu
蒐 1.069
8.079
sū
蘇 13.067
sù
夙 1.086
泝洄 12.025
泝游 12.025
素華 13.178
素錦綢杠 8.084
素陞龍於縿
8.084
速 1.070
2.085
18.002
速速 3.075
樕 14.070
嗉 17.090
18.073
肅 1.053
1.070
1.071
2.009
肅肅 3.003
3.005
蔌 6.070
樕樸 14.084
藗 13.186
謖 2.003
suān
狻麑 18.035
suàn
算 1.151
suí
綏 1.110
suì
遂遂 3.019
歲 8.021
歲名 8.(5)
歲陽 8.(4)
璲 6.064
檖 14.043
穟穟 3.050
繸 6.092
sūn
孫 4.011
sǔn
筍 13.045
suō
縮 1.170
1.184
6.024
17.089
suǒ
瑣瑣 3.042
T
tāi
胎 1.001
tái
臺 5.020
5.070
13.076
鮐背 1.019
tài
太蒙 9.050
太平 9.050
太史 12.030
泰風 8.027
泰丘 10.021
tán
覃 2.046
餤 1.053
藫 13.131
蕁 13.098
tǎn
菼 2.167
2.168
13.219
襢裼 3.107
tàn
探 1.171
2.087
táng
唐 5.050
13.133
唐棣 14.081
棠 14.032
螗蜩 15.004
tāo
慆 14.001
謟 1.119
táo
桃蟲 17.026
桃枝 13.171

陶丘 10.001	**tiǎn**	葵 13.042	**tuō**
蜪蚅 16.029	忝 2.266	鼜 17.083	脫 6.051
翢 2.279	殄 1.067	**tú**	**tuó**
綯 2.177	1.145	荼 13.025	佗佗 3.020
騊駼 19.001	靦 2.276	徒駭 12.030	沱 12.014
tè	**tiāo**	徒御不驚 3.106	12.017
特 18.010	佻 2.047	涂 8.026	驒 19.035
特舟 12.023	**tiáo**	屠維 8.018	**tuǒ**
蟘 15.077	芀 13.215	稌 13.074	妥 1.103
téng	苕 13.165	藂 13.020	1.183
滕 1.072	佻佻 3.065	13.152	**W**
縢 16.052	條 14.102	瘏 1.077	**wài**
tī	條條 3.002	圖 1.015	外姑 4.026
鷉 17.061	蓨 13.069	鵌 17.083	外舅 4.026
tí	蜩 15.004	鵌鼵 17.051	外孫 4.031
媞 13.101	**tiǎo**	**tǔ**	外王父 4.023
媞媞 3.024	宨 2.110	土 2.143	外王母 4.023
蕛 13.064	宨 2.188	土鏖 15.052	外曾王父 4.023
鵜 17.017	**tiào**	土竃黿	外曾王母 4.023
tì	頫 1.099	15.050	**wǎn**
弟 1.111	**tíng**	土螽 15.030	宛丘 10.019
遏 1.034	庭 1.108	**tù**	10.024
惕惕 3.021	蜓蚞 15.009	菟奚 13.162	10.025
替 1.087	霆霓 8.040	**tuán**	**wáng**
1.103	鼮鼠 18.068	慱慱 3.045	王 1.002
2.084	**tǐng**	**tuī**	15.068
2.084	頲 1.108	蘈 13.119	王父 4.002
趯趯 3.030	**tōng**	**tuí**	王姑 4.018
tiān	恫 2.233	魋 18.033	王母 4.002
天 1.002	通正 8.012	穨 8.028	莣 13.191
天根 8.048	**tóng**	**tūn**	**wǎng**
天駟 8.049	犝牛 19.051	涒灘 8.019	罔 2.035
tián	**tū**	**tún**	**wàng**
鷏 17.060	突 5.023	庉 8.030	望 13.155

旺旺	1.062	謂槷	14.063	舞	3.087	獙	18.004
wēi		蠹	15.047	憮	2.031	隩	9.040
委委	3.020	**wēn**		**wù**			9.043
威	2.284	温温	3.009	勿念	3.083	燠	14.107
威夷	9.020	猵	18.009	逜	2.159	騤	19.011
	18.050	**wén**		務	1.049	騮	19.033
隈	10.029	文鼄	16.059	霧	8.036	鼳鼠	18.069
椳	5.008	文皮	9.031	鶩	1.049	鰡	16.009
微	3.095	鳼	17.091	**X**		驪	18.036
薇	13.168	鼶鼠	18.067	**xī**		**xǐ**	
wéi		**wò**		夕陽	11.027	枲	13.107
惟	1.015	沃泉	12.004	西陸	8.061	喜	1.011
	1.082	握	2.234	西隃鴈門	9.020	禧	1.033
違	1.034	蠖	15.060	西嶽	11.028		1.083
維	1.187	鸑	17.019	希	1.114	**xì**	
維以縷	8.084	**wū**		菥	13.117	呬	1.140
維舟	12.023	朽	5.013	息慎	9.020	忥	1.031
闈	5.041	屋漏	5.004	菥蓂	13.019	係	1.030
魏牛	19.049	**wú**		悉	1.067	闃	2.236
獮	18.007	无姑	14.041	翕	1.026	**xiā**	
wěi		吾	1.050	翕翕	3.074	鰕	16.055
芛	13.220	莁荑	13.060	犀	18.043	**xiá**	
頠	1.031	梧丘	10.011	犀象	9.026	狎	1.127
亹亹	1.048	無	1.101	晳	14.059	假	1.130
wèi		無禄	1.191	徯	1.087		1.189
位	5.035	蕪	1.068	熙	1.137	遐	1.034
味	14.018	鼯鼠	17.062	蜥蜴	16.049	遰	13.103
菋	13.151	**wǔ**		蟋蟀	15.023	騢	19.041
彙	18.044	五方	9.(5)	谿	11.023	**xià**	
蔚	13.014	五穀魚鹽	9.032		12.024	下	1.032
衛	1.122	武	1.030	鵗	17.082	夏	1.003
	1.138	武敏	3.097	鼷鼠	18.060	夏扈	17.042
犩	19.057	務	2.162	**xí**		夏羊	19.064
謂	1.080	愪	1.142	席	1.003	假	1.138

羞	1.054	**xuān**			2.129	1.101
脙	2.032	宣	2.005		12.014	言　1.050
xiú			2.241	珣玗琪	9.024	1.101
茜	13.044		6.088	循	1.013	7.010
xiù		葿	3.084	詢	1.015	炎炎　3.039
秀	13.228	諼	3.084		1.020	臧　19.081
岫	11.026	駽	19.034	薄	13.200	巖　18.021
xū		**xuán**		**xùn**		**yǎn**
旴	1.078	玄	8.026	迅	1.070	奄　2.231
	13.159	玄貝	16.042		18.004	兗州　9.006
胥	1.148	玄黃	1.077	徇	2.005	弇　2.232
	1.153	玄駒	19.029	訓	1.147	剡　1.162
訏	1.003	玄孫	4.013	訊	1.033	菼　13.032
虛	1.101	玄枵	8.055		2.259	椻　14.064
須	13.087	玄黓	8.018	遜	2.193	隒　11.014
	13.108	玄英	8.009	**Y**		蝘蜓　16.050
	18.077	縣	19.021	**yá**		郾桑　14.087
須屬	18.(4)	還味	14.060	厓	10.034	鷗　17.027
頊	1.087	**xuàn**		厓岸	10.(2)	鰋　16.003
xú		琄琄	3.070	**yà**		儼　1.085
徐州	9.007	贙	18.052	迓	1.175	**yàn**
xǔ		**xué**		亞	2.228	彥　3.101
栩	14.017	㻖	11.022		4.041	晏晏　3.009
xù		觷	6.075	猰貐	18.034	3.069
旭旭	3.034	**xuè**		**yān**		宴宴　3.066
序	5.003	謔浪笑敖	1.022	淹	1.128	姸　18.003
恤	1.078	謔謔	3.073	湮	1.032	燕　17.030
勖	1.048	**xūn**		閹茂	8.019	燕燕　17.034
敘	1.010	勳	1.106	閼逢	8.018	騴　19.018
壻	4.038	纁	6.093	懨懨	3.024	讌　19.017
緒	1.041	纁帛縿	8.084	**yán**		**yáng**
蕢	13.120	**xún**		延	1.037	羊　19.063
續	1.030	昫昫	3.046		1.042	羊屬　19.(3)
		洵	2.128		1.053	洋　1.074

痒	1.077	**yě**		栜	14.070	勩	1.079

痒	1.077			

痒　1.077
陽　1.052
　　8.026
揚　1.178
楊　13.008
　　14.029
楊徹　14.054
楊陟　9.012
楊州　9.005
鴦　17.058

yǎng
洋洋　3.016

yàng
恙　1.078
羕　1.042

yāo
幺　18.008

yáo
姚莖　13.182
珧　6.085
　　16.038
搖　1.124
愮愮　3.071
繇　1.078
謠　7.015
鷂　17.081
鷂雉　17.072

yǎo
葽繞　13.197
鷕　17.048

yào
突　5.004
窔　5.033

yě
野　9.039
　　9.(6)
野馬　19.002

yè
業　1.003
　　1.009
　　1.010
　　1.041
　　6.023
業業　3.010
謁　1.033
　　2.008
饁　1.134

yī
伊　1.186
　　1.187
猗嗟名兮　3.103
椅　14.069
蛜威　15.056
褘　1.062

yí
台　1.050
　　1.052
夷　1.111
　　2.172
　　14.041
怡　1.011
宜　1.041
　　2.171
　　8.082
宜乘　19.023
姨　4.028
瓵　6.005

yì
栜　14.070
宧　5.004
移　5.032
貽　2.163
箷　6.100
儀　1.008
　　1.027
　　1.120
頤　1.155
彝　1.016
　　6.025

yǐ
乙　16.057
已　1.125
倚商　13.145
扆　5.002
螘　15.045
顗　1.031
轙　6.044

yì
乂　1.154
抑抑　3.076
杙　5.017
弈　1.003
弈弈　3.045
洩洩　3.072
射　1.104
異氣　9.038
釴　6.061
逸　2.021
翌　2.222
溢　1.031
　　1.100
　　1.158

yǐ(右栏)
勩　1.079
椒　14.091
瘞　1.102
　　2.113
瘞薶　8.071
毅　1.045
薏　13.103
殪　1.191
暚　8.034
嶧　11.007
懌　1.011
　　1.012
翳　14.090
翼　1.085
翼翼　3.005
繹　1.037
　　8.077
　　8.078
繹繹　3.049
懿　1.062
藚　13.027
鷾　18.072
鷾屬　18.(3)

yīn
姻　4.038
姻兄弟　4.042
殷　2.001
殷殷　3.045
禋　1.084
駰　19.039
諲　1.085

yín
沂　7.007
淫　1.003

	8.044	應門	5.039	憂	1.081	侑	1.116
寅	1.053	**yōng**		優優	3.006	柚	14.014
	1.085	邕	2.063	**yóu**		軸	19.056
黄	13.037	庸	1.016	由	1.013	誘	1.053
銀	6.072		1.079	茜	13.089	鼬鼠	18.062
蕈	15.037	庸庸	3.029	郵	2.192	**yú**	
鷣	17.020	墉	5.012	猶	18.039	于	1.023
yǐn		雝	2.009	猷	1.015		1.025
尹	2.215	雝雝	1.064		1.094	予	1.050
引	1.037		3.064		1.189	余	1.050
	1.042	雝州	9.003		2.097		1.051
釿	6.074	鏞	7.009		2.098		8.026
隱	1.102	廱廱	3.006		2.161	於	1.133
	2.069	灉	12.008		5.053	俞	2.014
螾衍	15.003		12.014	輶	2.175	魚	19.044
yìn			12.017	繇	1.025	楰	14.038
胤	1.030	**yóng**			1.147	畬	9.044
堲	6.058	顒顒	3.061		1.159	渝	2.170
yīng		**yǒng**		**yǒu**		愉	1.011
英	11.002	永	1.034	友	3.098		1.012
	13.228		1.035	有客信信	3.099	榆	14.080
褮	6.030		1.042	有客宿宿	3.099	虞	2.051
膺	2.058	泳	2.104	有斐君子，終		蕍	13.099
應	1.123		12.021	不可諼兮			13.220
嚶嚶	3.062	**yōu**			3.094	雓	19.076
鷹	17.065	攸	2.206	卣	6.025	餘眡	16.043
yíng		幽	1.102		6.105	餘泉	16.044
熒火	15.064		2.212	黝	5.015	鷸	19.064
營丘	10.015	幽州	9.008		6.095	灊	11.025
營州	9.009	悠	1.034	**yòu**		璵	17.016
蠅	15.076		1.035	右	1.055	籅	8.088
yìng			1.081		1.056	**yǔ**	
媵	2.040	悠悠	3.016		1.058	宇	1.003
應	7.004	麀	18.002	幼	2.020	圉	1.122

曾祖王姑	4.018	糧	2.121		13.181		8.070
曾祖王母	4.003	**zhǎng**		蓁蓁	3.023	徵	1.072
增	2.072	長贏	8.011	楨	1.120		2.085
增增	3.018	**zhàng**		箴	6.067	**zhèng**	
楂	18.011	帳	3.118	臻	1.005	正	1.149
zhá		障	2.275		1.146	正丘	10.015
蚻	15.005	**zhāo**		甄	7.019	**zhī**	
zhà		昭	1.059	**zhěn**		之	1.006
詐	1.093		1.098	畛	2.141		1.101
zhái		昭陽	8.018	畛	1.033	之子	3.105
宅	2.209	昭余祁	9.017		2.011	支	2.063
zhài		釗	1.048		2.196	知	1.027
瘵	1.077		1.098	**zhèn**		祇	1.085
zhān		朝	1.086	拒	1.132	梔	14.078
旃	8.089	朝陽	11.027	振	2.153	槢	2.248
旃蒙	8.018	**zhào**			2.235	藏	13.146
詹	1.005	兆	2.080	振旅	8.083	鼄蟊	15.049
瞻	1.099	狣	19.073	振旅闐闐		**zhí**	
鱣	16.002	詔	1.055		8.083	姪	4.031
zhǎn			1.056	朕	1.050	執徐	8.019
展	1.020	旐	8.085		1.051	職	1.016
	1.021	罩	6.013		1.052		1.038
	2.207	肇	1.001	賑	2.133	**zhǐ**	
斬	1.047		1.015	震	1.076	止	1.087
棧	7.009		2.081		1.143		7.018
zhàn		鮡	16.011	**zhēng**		厎	1.087
棧木	14.086	**zhé**		丁丁	3.062		2.011
虦貓	18.015	哲	2.213	征	2.028	沚	12.028
戰	1.076	磔	8.073	烝	1.002	祉	1.083
戰戰	3.008	蟄	1.031		1.054	指	2.017
zhāng		**zhēn**			1.073	枳首蛇	9.037
章	11.008	珍	1.062		2.181	趾	2.263
章丘	10.009		1.169	烝烝	3.019	黹	2.254
張仲孝友	3.098	葴	13.058	蒸	1.084		

筆畫索引

厎	1.087	希	1.114
	2.011	谷	12.024
龙	19.074	谷風	8.027
迋	1.175	孚	1.020
步	5.064	妥	1.103
	7.013		1.183
卣	6.025	豸	15.078
	6.105	肜	8.078
貝	16.040	劬勞	1.077
助	1.056	狂	17.036
里	2.151		17.052
粤夆	3.078	狄	14.021
困	13.156		18.001
困敦	8.019	狃	2.288
串	1.127	言	1.050
岐旁	5.055		1.101
岑	11.003		7.010
兕	18.042	庵	8.030
告	2.008	庇	2.066
秀	13.228	序	5.003
私	4.029	远	18.005
每有	3.085	弟	1.111
攸	2.206		4.007
作	2.041	汧	12.010
作噩	8.019		12.015
伯	1.149	沄	2.261
位	5.035	汱	1.156
佇	1.128	沚	12.028
佗佗	3.020	沙	12.014
身	1.050	沙丘	10.017
	2.058	沃泉	12.004
余	1.050	沂	7.007
	1.051	忡忡	3.045
	8.026	怟怟	3.021

宏	1.003	長嬴	8.011
究	1.015	坏	11.002
	2.043	拔	1.067
究究	3.040		13.185
良	1.176	抨	1.164
启明	8.067		1.165
启	5.010	坫	5.011
初	1.001	劫	1.060
祄	8.070	坰	9.039
祀	1.084	坻	12.028
	8.022	亞	2.228
君姑	4.035		4.041
君舅	4.035	其虛其徐	3.102
即	1.180	苦	1.140
局	2.134	苛	2.285
阿	9.040	若	1.008
阿丘	10.018		2.018
壯	1.003		16.039
	8.026	茂	1.048
阻	1.161		1.068
妣	4.001		14.098
姊	4.007		14.098
妐	1.011	芟	13.166
姒	4.032	苹	13.121
姒婦	4.034	苦	6.071
勁	1.048	苗	8.079
災	8.(3)	苗	13.134

八畫

青陽	8.006	英	11.002
玠	6.086		13.228
武	1.030	茵	13.044
武敏	3.097	苻	13.050
忝	2.266		13.082
長楚	13.201	苞	1.068
			2.158

津	8.052	胥	1.148	馬煩	12.030	茜	13.089
恒	1.016		1.153	馬屬	19.(1)	恭	1.085
	11.001	陞	11.018	馬烏	13.204	莽	13.170
恫	2.233	陟	1.130	振	2.153	莫貈	15.032
恤	1.078		11.002		2.235	菌	13.078
恪	1.085	姨	4.028	振旅	8.083	莪	13.047
忪	2.012	姪	4.031	振旅闐闐		荷	13.103
恊洽	8.019	姻	4.038		8.083	荼	13.025
宣	2.005	姻兄弟	4.042	挾	2.082	蓍	13.117
	2.241	姚莖	13.182	貢	1.007	蒩	13.100
	6.088	枲	13.107		14.021	荵	13.191
室	5.001	瓴	6.005	捐	6.042	莞	13.102
宮	5.001	柔	1.110	都	1.025	莙	13.114
突	5.023	柔兆	8.018	都丘	10.010	莊	5.059
宨	2.110	矜	2.044	哲	2.213	栲	14.002
突	5.004	矜憐	3.115	逝	1.006	栱	5.019
祜	1.083	紅	13.104	耆	1.149	桓桓	3.013
	1.092	**十畫**		埒	11.021	栵	14.012
袚	1.083	挈貳	8.038	埒丘	10.008	棟	14.070
祖	1.001	泰風	8.027	恐	1.076	桃	2.033
	4.022	泰丘	10.021	栽	1.088	栝樓	13.024
神	1.066	珪	6.085	盍	1.026	桃蟲	17.026
	1.154	珠玉	9.028	華	2.298	桃枝	13.171
	1.158	珧	6.085		11.001	格	1.005
神龜	16.059		16.038		13.220		1.130
衻	1.179	珣玗琪	9.024		13.225		2.010
祇	1.085	班	2.291		13.226	格格	3.022
祠	1.084	敖	2.019		13.227	核	14.104
	8.070	敖敖	3.041		14.105	栩	14.017
郡	1.146	素華	13.178	莇	13.222	連	13.122
既伯既禱	8.075	素錦綢杠	8.084	莕	13.050	速	1.070
既微且尰	3.095	素陸龍于縿		莄葽	13.060		2.085
屋漏	5.004		8.084	菉	14.103		18.002
弲	6.084	匪	1.102	削	6.075	速速	3.075

粉	19.063		11.010		2.162		17.050
殳	19.064	袍	2.274	桑扈	17.024	菟奚	13.162
羞	1.054	袨	1.179		17.042	菉	13.032
恙	1.078	祥	1.008	純	1.003	蒼耳	13.187
敉	2.031		8.(2)		6.029	葵	2.167
料	7.020	冥	2.106	紕	2.091		2.168
朔	3.079	展	1.020	邕	2.063		13.219
烘	2.115		1.021	**十一畫**		萍	13.116
剡	1.162		2.207	珺珺	3.070	菺	13.138
浡	1.124	陼	12.028	捷	1.045	菉	13.010
浹	2.083	陼丘	10.003	赦	1.139	菌苔	13.103
涉	12.020	陸	9.040	埤	1.092	菑	9.044
涔	6.014	陵	9.040	逮	5.062	梾	14.042
海隅	9.016	陵丘	10.018	接	1.157	梗	1.108
浥	1.099		10.023	執徐	8.019	棟	14.070
坚	6.058	陬	8.026	探	1.171	梧丘	10.011
涂	8.026	陳	5.051		2.087	梢	14.093
浮沈	8.072	奘	2.125	埾	5.016	梏	1.108
流	1.075	羕	19.063	基	1.001	梅	14.006
	2.045	孫	4.011		1.015	梔	14.078
	2.046	陶丘	10.001		2.076	桴	5.027
涒灘	8.019	陪	2.117		2.077	梲	5.024
悈	2.024	烝	1.002	聊	14.022	棽	14.024
悄悄	3.043		1.054	著雍	8.018	蚔	15.005
悝	1.078		1.073	菣	13.164	救	6.021
悦	1.011		2.181	菥蓂	13.019	斬	1.047
	1.012	烝烝	3.019	黃髮	1.019	敕	1.079
宧	5.004	娠	1.143	薑薑	3.063	副	1.144
家	5.002	娣	4.032	菲	13.053	區	6.065
宵	2.245	娣婦	4.034		13.109	堅	1.060
宵扈	17.042	通正	8.012	菋	13.151	戚施	3.111
宴宴	3.066	能	16.033	萌萌	3.027	戛	1.016
宸	5.002	逡	2.226	菌	13.163		2.203
家	1.003	務	1.049	萑	13.026	硈	2.146

劼	1.048	國貉	15.059	從舅	4.024		2.123
瓠棲	13.022	啜	2.050	從母	4.025	庶婦	4.037
奢	1.045	帳	3.118	從母舅弟		庶幾	2.016
爽	2.036	崧	11.003		4.025	庶母	4.021
	2.036	崑崙丘	10.001	從母姊妹		劇	6.075
猇	18.003	崔嵬	11.024		4.025	麻	7.020
豝	18.014	崩	1.191	從祖父	4.009	疵	1.077
盛	11.012	崇	1.043	從祖姑	4.018	産	7.012
雩	8.037		1.044	從祖母	4.019	痒	1.077
虛	1.101		1.066	從祖王母		康	1.011
常棣	14.082	崇期	5.061		4.019		1.109
晨	1.086	過辨	12.007	從祖祖父			1.110
晨風	17.057	移	5.032		4.005		2.118
敗	2.029	動	1.124	從祖祖母			5.058
	6.050	第	6.040		4.005	庸	1.016
異氣	9.038	敏	7.001	敘	1.010		1.079
野	9.039	悠	1.034	釷	6.061	庸庸	3.029
	9.(6)		1.035	盒	2.014	鹿	18.002
野馬	19.002		1.081	悉	1.067	章	11.008
勖	1.048	悠悠	3.016	脉	2.032	章丘	10.009
晦	2.224	偶	1.026	脫	6.051	旌	8.086
	8.036	偟	2.244	魚	19.044	族父	4.009
逽	1.034	俑	2.099	逸	2.021	族晜弟	4.009
晜	4.022	俑俑	3.022	猗嗟名兮	3.103	族曾王父	4.020
晜孫	4.015	梟	17.037	訰訰	3.035	族曾王母	4.020
晙	1.086	假	1.003	訛	1.094	族祖姑	4.018
趾	2.263		1.130		1.143	族祖母	4.019
蛄䗲	15.019		1.138		2.178	族祖王母	4.019
蚾	15.015		1.189	諷	1.100	望	13.155
圉	1.122	倚	5.066		2.223	率	1.013
	2.055	從	1.013	訪	1.015		1.014
	8.025		1.066	埶	1.061	牽牛	8.066
蚹蠃	16.035	從父晜弟		庶	1.073	羥	19.068
蚳	15.047		4.010		2.122	羕	1.042

畚	9.044	痤	14.048	惇惇	3.045	經	13.049
飯	6.073	粢	13.028	愋愋	3.029	幾	1.088
欽	1.085	椉丘	10.002	割	2.062		1.182
欽欽	3.045	辣	1.076	寒	7.017	**十三畫**	
釰	6.074	竢	1.087	寋	1.188	觟	19.054
翕	1.026	旐	8.085	寓木	14.040	瑟兮僴兮	3.092
翕翕	3.074	棄	2.147	寓屬	18.(1)	瑗	6.090
番番	3.012	翔	17.086	痟	8.026	遘	1.095
禽	17.096	道	1.108	運	1.135		1.096
貁	18.019	道路	5.054	扉	5.046		1.097
飫	2.183	遂遂	3.019	祺	2.078	髡	14.004
勝	1.046	曾孫	4.012		2.079	肆	1.090
猩猩	18.056	曾祖王父	4.003	禄	1.083		1.091
獑獢	19.072	曾祖王姑	4.018	畫	2.132		2.111
獌	19.070	曾祖王母	4.003	畫丘	10.012	載	1.093
猶	18.039	勞	1.080	喬	17.082		1.094
猱	18.048	湮	1.032	遐	1.034		8.020
貿	2.025	減陽	19.024	犀	18.043		8.024
	2.164	湝丘	10.015	犀象	9.026	斝	19.008
詐	1.093	渼梁	9.022	粥	1.066		19.014
詔	1.055	温温	3.009		1.121	塙	5.022
	1.056	渝	2.170	違	1.034	遠	1.035
馮河	3.109	盜驪	19.006	陻	1.032	搖	1.124
就	1.107	渾	1.156		1.156	壼	5.049
	1.190	湄	12.019	陳	11.014	觳	1.008
敦	1.048	溪闢	12.006	媞	13.101	聘	2.218
敦丘	10.001	滺滺	3.054	媞媞	3.024	蓁蓁	3.023
	10.016	愒	1.142	嫂	4.033	戡	1.046
敦牂	8.019	愒	2.247	媛	3.100	葰	13.084
裒	1.069	惴惴	3.011	媱	18.005	蓋	2.062
	1.074	愧	2.219	登	1.107	勤	1.079
痡	1.077	愉	1.011		1.130	蓮	13.103
瘒	1.077		1.012		6.003	蒿	13.004
痏	1.077		1.079	發生	8.011		13.102

				十四畫		黃	13.037
	1.092		2.093			黃	13.037
痱	1.077	愷	1.011	璡璡	3.042	密	13.103
瘩	1.077	愷悌	2.059	葵	19.083	熙	1.137
廓	1.003	慆慆	3.071	髦	2.088	蔚	13.014
瘐瘐	3.044	塞	8.025		2.089	兢兢	3.007
痹	17.046	肇	1.001		13.096	睴	1.003
瘡瘡	3.044		1.015		14.100	蒸葵	13.150
廌	18.002		2.081	髦士	2.060	壽	15.072
窠	5.026	裾	6.032	摽	1.032	楮	2.248
靖	1.015	裡	1.084	馻	2.006	榎	14.068
	1.154	祝	6.027	駁	14.049		14.068
新田	9.044	祶	8.076		19.032	槐	5.014
猷	1.015	肅	1.053	嘉	1.008	樹	5.021
	1.094		1.070		1.062		5.069
	1.189		1.071	臺	5.020	蜰螽	15.028
	2.097		2.009		5.070	榪桃	14.046
	2.098	肅肅	3.003		13.076	榗	14.001
	2.161		3.005	摧	1.005	槸	5.022
	5.053	盝	1.131	赫赫	3.030	槤	5.028
煁	2.116	殿屎	3.117	赫兮烜兮	3.093	宲	2.180
溝	12.024	辟	1.002	誓	2.053		2.227
漠	1.015		1.017	墉	5.012		14.105
	2.065		1.018	壽星	8.047	輔	1.121
溥	1.003		2.294	蕀	6.070		14.031
滅	1.067	瞖	1.049	蕓	13.166	監	1.099
	1.145	遜	2.193		13.213	屬	1.124
潋	10.036	際	1.157	勩	1.079		8.025
溢	1.031	障	2.275	菌	13.090		12.020
	1.100	嫁	1.006	蕛	13.160		12.020
	1.158	鳲鳺	17.025	蕳	13.100	碩	1.003
慎慎	3.028	巽	1.157	蓙	13.017	厝	12.013
慎	1.021	彙	18.044	蔽	1.102	磋	6.076
	1.031	經	7.001		6.041	臧	1.008
慄	1.076	綏	1.110	蔽雲	8.039		

櫪	14.091		15.063	質	1.107	廞	1.137
楸樸	14.084	蝪蟋	16.037	徵	1.072	瘼	1.077
樓	1.069	蝮虺	16.054		2.085	瘞	1.102
	5.070	魄	15.043	腶	1.005		2.113
樅	14.094	蝤蠐	15.055	雜	19.076	瘞薞	8.071
樊	2.119	蝙蝠	17.056	頪	1.099	鴆	17.091
賫	1.007	蝚	15.017	豩	18.022	廣	1.178
	1.052	蝝	15.022	餘賑	16.043	犀	18.002
楠	5.030	遱	1.097	餘泉	16.044	麋	18.001
輟	1.189	嘵	1.088	餕	6.050	廢	1.003
遷	1.135	畱	3.122	縢	1.072		1.139
磝	11.019		6.011	膠	1.060	毅	1.045
憂	1.081	嫵	1.003	頜	1.031	敵	1.027
碩	1.032		1.004	魵	16.021		1.123
磔	8.073		2.019	魧	16.041	臧	19.081
豬	18.006	嶠	11.004	魴	16.023	瀚	19.064
震	1.076	頣	1.108	獠	8.080	犛	6.103
	1.143	剢	2.200	觭	19.053	翦	1.080
霄雪	8.041	黎	1.073	頴	1.059		2.038
劇驂	5.060	範	1.016		2.033	遵	1.013
劇旁	5.056		1.017	劉	1.037		1.014
慮	1.015	箴	6.067		1.046		14.055
	1.082	筋	7.011		1.047	導	1.056
暴	8.032	箷	6.100		14.065	熯	1.085
暴虎	3.108	簉	13.175	請	1.033	潰	12.014
賦	2.120	箹	7.012	諸慮	14.033		12.017
閲	5.029	儌儌	3.037		15.013	漢津	8.053
數	1.070	嚳	2.021	諸諸	3.004	潛	2.048
踏踏	3.017	僾	2.075	諷	1.015		2.048
踦	19.013	儀	1.008	誰諉	2.064		12.014
踔	2.264		1.027	誰昔	3.120	潛丘	10.025
蝘蜓	16.050		1.120	諗	2.229	潤	11.025
蝒	15.007	縣馬	13.208	廟	5.067	潬	12.009
蝎	15.011	縣縣	3.051	摩牛	19.046	潏	12.028

興	17.016		1.115	鼉	6.072	騠蹄	19.004
梟	11.022		11.017	盩盩	3.038	騔騄	19.005
優優	3.006	獮	1.047	濟	2.292	騆	19.043
獸鼠	18.065		8.079		2.292	騅	19.040
鼢鼠	18.058	螽	15.073		2.292	駱	19.031
鼩鼠	18.067	鴿	17.006	濟濟	3.015	駒騄	19.001
雖	18.033		17.012	濯	1.003	騱	19.033
徽	1.008	講武	8.(11)	憒	2.135	藿	7.004
	1.103	謨	1.015	頯	2.160	黿鼉	16.030
禦	2.055		1.093	覬髟	1.118	藕	13.103
	6.041	諰	2.003	氈	5.048	職	1.016
頾	1.087	謝	16.039	彌	2.300		1.038
鍠鍠	3.058	謠	7.015	孺	2.184	釐	13.120
鍒	6.082	謟	1.119	駕	17.031	蕰	14.019
斂	1.069	謞謞	3.073	嬪	4.043	覲	1.098
繇	1.025	謐	1.031	翼	1.085	鞫	2.043
	1.078	燮	1.065	翼翼	3.005	龍	6.069
	1.147	謚	1.031	盉	15.077	螢	15.024
	1.159	襄	2.152	績	1.030	薰	13.193
獏	18.016		2.265		1.041		13.214
邀邀	3.036	臕	2.058		1.105	薄	13.131
貔	18.025	應	1.123		1.106	薙雉	17.078
谿	11.023		7.004		1.107	檮	14.052
	12.024	應門	5.039	縛	6.067	覆	1.144
鶺	2.270	癉	1.079	縱	1.170	覆幠	12.030
餲	6.047	嶺	1.077	縮	1.170	蹙蹙	3.075
餕	2.042	魘	18.032		1.184	壓桑	14.087
餱	6.046	麋	18.001		6.024	厭厭	3.024
膽	14.105	羬	1.160		17.089	蠆	9.035
鮡	16.011	氅	2.194	**十八畫**		縱	18.010
鮨	6.054	燬	2.239	釐	13.125	獮	18.007
鮥	16.016	鴻	1.133	翹翹	3.010	霧	8.036
鮮	1.008	濫泉	12.003	騏	18.036	鳶	6.063
	1.114	濬	2.212	騄	19.028	闃	2.236

⬛ 中华书局

初版责编 | 秦淑华